LUC FERRY

MYTHOLOGIE & PHILOSOPHIE

CRÉDITS

LE FIGARO

PROJET DÉVELOPPÉ PAR LE FIGARO
Édité par :
La Société du Figaro
14 bd Haussmann - 75009 Paris - www.lefigaro.fr
Directeur général : Marc Feuillée

Les Éditions de l'Opportun
16 rue Dupetit-Thouars - 75003 Paris
Direction édition : Stéphane Chabenat

Dépôt légal : mars 2015
Achevé d'imprimer en février 2015 sur les presses de l'imprimerie Elcograf S.p.A.,
via Mondadori 15, Vérone, Italie

ISBN : 978-2-8105-0708-5 (collection)
ISBN : 978-2-8105-0710-8 (volume 2)

Direction de la collection : Anne Evrard
Direction artistique : Philippe Marchand
Responsable projet : Stéphanie de Fonscolombe
Fabrication : Marion de Chalonge
Maquette : Éditions de l'Opportun
Couverture : Olo Éditions, Marion Alfano
Responsable éditoriale : Brigitte de Zélicourt
Mastering : Art & Son
Crédit photos : Gabrielle Ferry, Éditions de l'Opportun

Organisation de conférences : Sara Yalda
Production de conférences : Théâtre des Mathurins

L'ILIADE ET LA GUERRE DE TROIE

LUC FERRY
MYTHOLOGIE & PHILOSOPHIE

VOLUME 1
L'*Odyssée* ou le « miracle grec »

L'histoire d'Ulysse est celle d'un homme qui va de la vie mauvaise à la vie bonne. Cette épopée, magnifique, fournira sa matrice à la naissance de la philosophie en Grèce.

VOLUME 2
L'*Iliade* et la guerre de Troie
L'héroïsme grec

L'*Iliade* ne raconte pas la guerre de Troie, mais seulement quelques jours de la dernière année du conflit. Quel est alors le véritable sens de cette œuvre qui met avant tout en scène l'héroïsme grec ?

VOLUME 3
La Naissance des dieux et du monde
D'après la *Théogonie* d'Hésiode

Comme l'*Odyssée* d'Homère, la *Théogonie* d'Hésiode raconte une histoire qui va du chaos à l'harmonie. Zeus, en instaurant un ordre cosmique harmonieux, va permettre aux humains de trouver le sens de leur vie.

VOLUME 4
Typhon et les Géants
Les puissances chaotiques contre l'harmonie cosmique

Typhon, personnage essentiel de la mythologie, figure la résurgence sans cesse possible des forces destructrices du chaos, signe que l'harmonie n'est jamais gagnée pour toujours.

VOLUME 5
Prométhée et la boîte de Pandore
La naissance de l'humanité

Les dieux s'ennuient sur l'Olympe, maintenant que Zeus a instauré un ordre cosmique harmonieux. Ils demandent donc à Prométhée et Épiméthée de créer des mortels pour se distraire...

VOLUME 6
Midas contre Apollon
La bêtise menaçant le cosmos

Dominé par son avidité et sa cupidité légendaires, Midas demande à Dionysos de lui donner le « toucher d'or », ce qui va menacer l'ordre cosmique tout entier et se retourner contre lui.

VOLUME 7
Les Amours de Zeus
La naissance d'Héraclès et ses 12 travaux

Ayant besoin d'être secondé dans sa tâche du maintien de l'ordre cosmique, Zeus décide de s'unir à la mortelle Alcmène pour concevoir Héraclès, un héros qui continuera son œuvre sur terre.

VOLUME 8
Mort et résurrection d'Héraclès
La signification du tragique grec

Héraclès a dû vaincre des résurgences des forces primitives du chaos, mais il n'en est pas moins lui-même un être déchiré. Il incarne à ce titre le héros tragique, voué au malheur et à une mort atroce.

VOLUME 9
Thésée contre le Minotaure
La quête du bonheur, une illusion ?

Thésée fait partie de ces héros qui poursuivent la tâche impartie par Zeus, maintenir l'ordre cosmique face aux forces du chaos. À la différence d'Héraclès, il parviendra pendant un temps au bonheur.

VOLUME 10
Persée et la Gorgone Méduse
La mort en face

Persée tranchant la tête de la Gorgone Méduse, voilà qui a donné lieu à une très riche iconographie. Mais peut-on regarder la mort en face sans être pétrifié ? Faut-il l'oublier ou y penser chaque jour ?

VOLUME 11
Jason et la Toison d'or
Le sens de la justice

L'épopée des Argonautes en quête de la Toison d'or constitue, avec celle d'Ulysse, le récit d'aventures le plus fascinant de toute la mythologie, dévoilant aussi une certaine conception de la justice.

VOLUME 12
Dionysos, dieu de la fête
La folie au cœur de l'Olympe

Dionysos, mélange de Zeus et d'une mortelle, sorti de la « cuisse de Jupiter », est un être étrange qui incarne l'altérité sous toutes ses formes. Pourquoi alors l'avoir installé au cœur de l'Olympe, lieu de l'harmonie par excellence ?

VOLUME 13
Pyrrha, Deucalion, Noé et Gilgamesh
Les mythes du déluge

Il existe à l'origine trois grands mythes du déluge, pratiquement identiques entre eux jusque dans les détails. Mais leur même trame donne pourtant lieu à trois leçons philosophiques très différentes.

VOLUME 14
Œdipe et son complexe

Comment expliquer que le destin n'épargne personne, bons et méchants ? Telle est la question à laquelle répond d'abord le mythe d'Œdipe.

VOLUME 15
Antigone
La loi du cœur contre la raison d'État

Antigone incarne pour l'éternité la révolte de l'individu contre l'ordre établi mais, pour sympathique qu'elle soit, cette révolte est toujours vouée à l'échec dans le monde grec.

VOLUME 16
Sisyphe et Asclépios
Les mythes de la mort

Sisyphe et Asclépios, en s'attaquant à la mort, menacent de bouleverser l'ordre cosmique instauré par Zeus. L'arrogance et la démesure dont ils ont fait preuve appellent un châtiment terrible…

VOLUME 17
Orphée, Eurydice, Éros, Psyché, Déméter
Les drames de l'amour

Ces mythes de l'amour contrarié explorent les arcanes de la souffrance des héros, mais aussi les stratégies que ces derniers tentent d'inventer face à la plus douloureuse des épreuves.

VOLUME 18
Tantale, Dédale, Lycaon, Icare, Phaéton
Les mythes de l'orgueil

L'hybris est aux yeux des Grecs le péché par excellence : certains mythes, dont l'interprétation est particulièrement aisée, le condamnent sans détour.

VOLUME 19
Les Grands Mythes de l'amour
L'Antiquité, le Moyen Âge et nous

Tout commence avec l'*Épopée de Gilgamesh*, l'histoire d'une contradiction insoluble entre l'amour et la mort. Et ces histoires d'amour continueront de hanter l'humanité…

VOLUME 20
Mythologie, religion et philosophie
Sagesses d'Orient et d'Occident

Comment situer les mythes entre religion et philosophie ? Une question complexe mais, à bien des égards, la philosophie est l'héritière de la mythologie et de la religion.

SUR LE CD

L'ILIADE ET LA GUERRE DE TROIE

L'HÉROÏSME GREC

SOMMAIRE

LIMINAIRE

La plupart des commentateurs s'accordent pour penser que cette œuvre, attribuée à Homère, qu'on suppose avoir été un poète non voyant (Homère, en grec, signifie « aveugle », mais il se peut qu'il s'agisse d'une anecdote toute symbolique et légendaire), a été conçue entre 850 et 750 avant J.-C. Le poème, d'abord de tradition oral, raconté et chanté par des aèdes, n'a été fixé par écrit sous sa forme définitive que sous Pisistrate, le tyran d'Athènes au VI*e siècle avant J.-C. Son titre vient tout simplement du fait qu'en grec la ville de Troie s'appelait « Ilion » en raison du nom de son fondateur présumé, un certain Ilos.* L'Iliade *raconte, non pas la guerre de Troie, comme on le croit parfois, mais seulement quelques jours de la dixième année du conflit – qui a sans doute eu lieu, mais dont on ignore à peu près tout. Contrairement à ce qu'on pense aussi assez souvent,*

L'ILIADE RACONTE, NON PAS LA GUERRE DE TROIE, COMME ON LE CROIT PARFOIS, MAIS SEULEMENT QUELQUES JOURS DE LA DIXIÈME ANNÉE DU CONFLIT – QUI A SANS DOUTE EU LIEU, MAIS DONT ON IGNORE À PEU PRÈS TOUT

le récit, qui s'ouvre sur la colère du plus grand héros grec, Achille, contre Agamemnon, le chef des armées grecques, est donc très limité. Il ne couvre que quelques jours, quelques moments cruciaux précédant la toute fin du conflit. Il s'achève avec la mort d'Hector, le prince troyen et, par exemple, des épisodes aussi fameux que ceux du cheval de Troie, de la mort d'Achille frappé d'une flèche au talon, ou encore des prophéties de Cassandre, la sœur *d'Hector que personne ne veut jamais croire, ne figurent pas dans l'*Iliade *elle-même. L'*Iliade *est tout à la fois la première œuvre littéraire écrite en langue grecque, mais sans doute aussi, avec l'*Odyssée, *l'*Épopée de Gilgamesh *et bien entendu la Bible, l'une des très rares à avoir traversé les siècles tout en conservant une portée universelle : on enseigne encore l'*Iliade *et l'*Odyssée *dans toutes les universités du monde ou peu s'en faut. Je vais donc aujourd'hui vous la raconter, un récit que j'essaierai de rendre le plus vivant possible en y insérant de nombreux dialogues inspirés directement par le texte d'Homère, mais, comme je l'ai fait pour l'*Odyssée, *je voudrais d'abord vous donner quelques clefs de lecture, en l'occurrence quelques fils conducteurs qui permettent de cerner la portée proprement philosophique de ce chef-d'œuvre de quinze mille trois cent trente-sept vers.*

Huile sur toile attribuée à Carl Becker (1820-1900), *Homère déclamant des poèmes.*

FIL CONDUCTEUR N° 1
TROIS DESTINÉES POSSIBLES DES PROTAGONISTES DE LA GUERRE EN TERMES DE SENS (OU DE NON-SENS) DE LA VIE

Pour ceux qui vont prendre part à la guerre, il y aura essentiellement trois destinées possibles, dont la signification philosophique est d'une profondeur étonnante. Pour nombre d'entre eux, d'abord, pour le *vulgum pecus* ou pour parler comme Horace, le « *servum pecus* », le « troupeau servile », ce sera tout simplement ce que les Grecs appellent la « mort noire », la mort absurde, vaine, dénuée de toute signification. Comme nous l'avons vu la dernière fois en évoquant le livre XI de l'*Odyssée*, c'est celle qui fait des hommes envoyés dans l'Hadès, dans les enfers, des « sans-nom », des « sans-voix » et des « sans-visage », des êtres qui ont perdu toute individualité, toute personnalité, qui ne sont plus des personnes. Disons-le sans fard : aux yeux des Grecs, on peut rater sa vie. L'échec est possible, et c'est le tragique même (nous reviendrons sur la signification profonde de cette notion dans la culture grecque au cours d'un prochain livret consacré au personnage d'Héraclès). Tout le monde n'est pas sauvé et ce n'est pas forcément, comme chez les chrétiens, parce qu'on a péché qu'on est privé du salut, mais tout bêtement parce que c'est comme ça, parce que ça arrive, parce que la plupart des vies sont insignifiantes. L'échec n'est même pas un châtiment, c'est la réalité la plus banale qui soit pour l'immense majorité des humains qui ne deviendront jamais rien de grandiose, qui n'obtiennent ni gloire comme Achille, ni réconciliation avec l'ordre cosmique comme Ulysse, de sorte que leur mort ressemble à leur vie, c'est-à-dire à rien. Ou pour mieux dire, leur seule réussite, pour autant qu'ils en aient une à faire valoir, c'est d'avoir fondé une famille, d'avoir eu des enfants, une descendance, mais c'est là tout ce qui subsistera d'eux en ce bas monde et, pour le reste, ils sont malheureusement voués à basculer dans le néant éternel. Ce commun des mortels, c'est l'ensemble de ceux que le monde chrétien, puis démocratique, prétendra justement sauver ou à tout le moins aider tant sur le plan spirituel que par la charité publique, par la création de vastes systèmes de protection sociale. Ce sont ceux-là, les petits, les sans-grade, auxquels le christianisme des Béatitudes promettra le salut, mais, pour eux, il ne fait pas bon séjourner dans l'univers aristocratique des Grecs, un monde qui ne leur donne rien, ne leur promet rien, sinon une vie difficile et une mort absurde. Pourquoi ? Pas nécessairement par manque de compassion, ou à tout le moins pas seulement, mais parce que le monde grec est l'archétype de l'univers aristocratique, d'une vision de la société et de la nature où les inégalités sont la règle, où la masse est privée de toute reconnaissance. Les meilleurs, les aristocrates, seront peut-être sauvés, pas les autres. C'est comme ça, voilà tout. Mais du coup, la question se pose avec d'autant plus d'acuité : qu'est-ce qui peut, dans ces conditions, sauver un être humain ? De quoi, nous le savons déjà : il s'agit de se sauver de l'empire de l'éphémère, de l'anonymat éternel, du non-sens, du néant, bref, comme toujours, de la « mort noire ». Mais comment y parvenir ?

C'est là qu'une deuxième destinée, au mieux incarnée par le personnage d'Achille, le héros grec par excellence, fait son entrée. Achille est le fils de Thétis, une divinité marine, une Néréide, une des filles de Nérée et d'un mortel, Pélée, que les Olympiens l'ont forcée à épouser pour des raisons que je vais vous raconter dans quelques instants – car elles sont l'une des origines les plus profondes, mais aussi les mieux cachées, de la guerre de Troie. Achille ne cesse de se poser la question :

Achille à la cour du roi Lycomède, détail. Marbre, œuvre athénienne, vers 240 ap. J.-C.

qu'est-ce qui peut me donner le salut, me faire échapper à l'anonymat de la « mort noire » ? Réponse, du moins pour lui et pour tous les héros grecs qui sont conçus sur son modèle : la gloire, et ce pour deux raisons : d'abord parce qu'elle nous sort à jamais de l'anonymat, justement, et qu'elle nous garantit que nous ne deviendrons pas, comme les autres morts, des « sans-nom », des « sans-visage ». Mais il y a plus, comme l'a montré justement Hannah Arendt dans un passage de son livre *La Crise de la culture*, sur lequel nous allons aussi revenir dans quelques instants : la gloire est ce qui par excellence nous permet d'échapper à l'empire de l'éphémère en accédant à la sphère de l'écri-

LA GLOIRE EST CE QUI PAR EXCELLENCE NOUS PERMET D'ÉCHAPPER À L'EMPIRE DE L'ÉPHÉMÈRE EN ACCÉDANT À LA SPHÈRE DE L'ÉCRITURE

ture. Car l'écrit, à la différence de l'oral, nous garantit une certaine pérennité. Achille sait – il ne cesse de le dire – qu'il mourra jeune et tous le savent avec lui, y compris sa mère, Thétis, qui en est désespérée. Mais si, par ses hauts faits dans la guerre, il sort de l'ordinaire, du commun, s'il se singularise aux deux sens du terme, s'il devient tout à la fois un être à part et un homme remarquable, alors, non seulement on parlera de lui, mais *on écrira* sur lui. Or l'écriture reste, elle n'est pas volatile comme le sont les paroles, de sorte que le héros est celui qui, par la gloire, gardera son nom pour l'éternité grâce aux écrits que les poètes, et peut-être même les historiens, lui consacreront. Voilà un deuxième destin possible pour les protagonistes de cette guerre. Par où l'on commence à voir aussi que l'épopée d'Homère possède un statut philosophique, sa question centrale étant celle de la vie bonne pour les mortels.

Nous avons vu la dernière fois, lorsque j'ai évoqué l'épisode de la *Nékuia*, la visite d'Ulysse aux enfers et sa rencontre avec Achille mort, que cette stratégie de quête du salut par la gloire est malgré tout vouée à l'échec. C'est là ce qu'Achille déclare lui-même à Ulysse quand il lui avoue que, finalement, tout bien pesé, il aimerait mieux être le plus misérable des bouviers, mais vivant, plutôt que le plus glorieux des héros morts...

Mais il existe encore une troisième destinée possible, celle qu'incarne Ulysse. Comme nous l'avons vu la dernière fois aussi, dans toute cette affaire, il s'agit essentiellement pour lui de passer de la guerre à la paix, d'*Éris* à *Éros*, de la haine à l'amour, du chaos à l'harmonie, de l'exil au retour chez soi, bref, de la vie mauvaise à la vie bonne. Tel est le sens de son voyage, en quoi il s'agit d'une quête proprement philosophique, une quête de sens et de sagesse. Nous avons longuement analysé – c'est tout l'objet de ce récit fabuleux – à la fois les obstacles qui s'opposent à la réussite de cette quête. Ils sont essentiellement double : le risque de l'oubli et celui de la mort par des êtres surnaturels tels que les Sirènes, les Lestrygons, les Cyclopes, etc. ; mais aussi les critères qui définissent son succès : vaincre les peurs, habiter le présent en fuyant les pièges du futur comme du passé et, enfin, trouver sa juste place dans l'ordre cosmique. En s'ajustant au cosmos, en rejoignant enfin son lieu naturel dans l'univers, bref, en allant de Troie à Ithaque, de l'exil au chez-soi, Ulysse comprend qu'il est lui-même un fragment de cet ordre cosmique et comme ce dernier est éternel, il est en quelque sorte un fragment d'éternité. Reprenons et développons un peu ces trois destinées en leur donnant maintenant leur véritable dimension métaphysique en termes de salut, c'est-à-dire de rapport à la finitude, à la mort.

FIL CONDUCTEUR N° 2
TROIS ATTITUDES POUR COMBATTRE LE NON-SENS DE LA MORT

Comme Hannah Arendt l'a bien montré – toujours dans *La Crise de la culture* –, les Anciens envisageaient traditionnellement, avant même la naissance de la philosophie proprement dite, trois façons de relever les défis lancés aux humains par l'incontournable fait de leur mortalité, trois manières de tenter une victoire sur la mort ou, à tout le moins, sur les craintes qu'elle nous inspire.

La première, accessible à tous, parce que aussi simple que naturelle, réside, comme je viens de le suggérer, dans la procréation : en ayant un jour des enfants, en s'assurant, comme on le dit si bien, une « descendance », on s'inscrit dans le cycle éternel de la nature, dans l'univers des choses qui ne sauraient mourir. La preuve, d'ailleurs, c'est que nos enfants, souvent, nous ressemblent au physique, parfois même au moral. Ils emportent ainsi, à travers le temps, quelque chose de nous. L'ennui, bien sûr, c'est qu'une telle voie d'accès à la durée ne vaut guère que pour l'espèce : si cette dernière peut apparaître comme potentiellement immortelle, l'individu, en revanche, naît, se développe et meurt, de sorte qu'en visant la pérennité par la procréation, l'être humain, non seulement échoue, mais il ne s'élève en rien au-dessus de la condition des autres espèces animales. En clair : j'aurais beau faire autant d'enfants qu'on voudra, cela ne m'empêchera pas de mourir ni, pire encore, de les voir le cas échéant mourir à leur tour ! Certes, j'assurerais pour une part la survie de l'espèce, mais nullement celle de l'individu, de la personne. Il n'est donc point vraiment de salut *personnel* dans la procréation…

La deuxième façon de s'en sortir, nous venons de l'évoquer, est déjà plus élaborée : elle consiste à accomplir des actions héroïques et glorieuses pouvant faire l'objet d'un récit, la *trace écrite* ayant pour principale vertu de vaincre en quelque façon l'oubli, de surmonter l'éphémère du temps. On pourrait dire que les livres d'histoire – et il existe déjà, dans la Grèce ancienne, de grands historiens comme Thucydide ou Hérodote, par exemple –, en rapportant les faits exceptionnels accomplis par certains hommes, les sauvent de l'insignifiance menaçant tout ce qui n'appartient pas au règne de la nature. Les phénomènes naturels, en effet, sont cycliques. Ils se répètent indéfiniment, comme le jour vient après la nuit, l'hiver après l'automne ou le beau temps après l'orage. Et leur répétition garantit que nul ne saurait les oublier : le monde naturel, en ce sens un peu particulier, accède sans peine à une certaine forme, sinon « d'immortalité », du moins d'éternité au lieu que, comme le dit Arendt, ***« toutes les choses qui doivent leur existence à l'homme, comme les œuvres, les actions et les mots sont périssables, contaminées pour ainsi dire, par la mortalité de leurs auteurs »***. Or c'est précisément cette insupportable volatilité que la gloire pourrait permettre, au moins pour une part, de combattre. Telle est, selon Arendt, la finalité réelle des livres d'histoire dans l'Antiquité lorsque, rapportant les faits « héroïques », par exemple l'attitude d'Achille pendant la guerre de Troie, ils tentent de les arracher à la sphère du périssable pour les égaler à celle de la nature :

« *Si les mortels réussissaient à doter de quelque permanence leurs œuvres, leurs actions* ***et leurs paroles, et à leur enlever leur caractère périssable, alors ces choses étaient censées, du moins jusqu'à un certain point, pénétrer et trouver demeure dans le monde de ce qui dure toujours, et les mortels eux-mêmes trouver leur place dans le cosmos où tout est immortel, excepté les hommes.*** »

Et c'est vrai : à certains égards, les héros grecs ne sont pas tout à fait morts, puisque que nous continuons aujourd'hui encore, grâce à l'écriture qui est plus stable et permanente que la parole, à lire le récit de leurs faits et gestes. La gloire peut ainsi apparaître comme une forme d'immortalité personnelle gagnée dans une compétition avec la nature cyclique. C'est sans doute pour cette raison qu'elle fut et reste enviée par nombre d'êtres humains. Il faut bien dire, toutefois, que pour beaucoup d'autres elle ne sera jamais plus qu'une piètre consolation, pour ne pas dire une forme de vanité…
Avec la naissance de la philosophie, c'est une troisième façon de relever les défis de la finitude, du non-sens de la mort, qui apparaît. On sait combien la crainte de la mort était, selon les stoïciens, en particulier pour Épictète, mais tout autant pour des épicuriens tels que Lucrèce, le mobile ultime de l'intérêt pour la sagesse philosophique. Grâce à cette dernière, l'angoisse existentielle va enfin recevoir, par-delà les

LA GLOIRE PEUT AINSI APPARAÎTRE COMME UNE FORME D'IMMORTALITÉ PERSONNELLE GAGNÉE DANS UNE COMPÉTITION AVEC LA NATURE CYCLIQUE

fausses consolations de la procréation et de la gloire, une réponse qui rapproche singulièrement la philosophie de l'attitude religieuse tout en maintenant la distinction entre le salut par Dieu et par la foi d'un côté, et le salut par soi-même et par la lucidité de la raison de l'autre. Selon les stoïciens, en effet, et en cela ils sont directement les héritiers de la sagesse d'Ulysse, le sage est celui qui, grâce à un juste exercice de la pensée et de l'action, parvient à une certaine forme humaine, sinon d'immortalité, du moins d'éternité. Certes, il va mourir. Mais la mort ne sera pas pour lui la fin absolue de toute chose, mais plutôt une transformation, un « passage » d'un état à un autre au sein d'un univers dont la perfection *globale* possède une stabilité absolue, et par là même divine. Nous allons mourir, c'est un fait, comme c'en est un aussi que les épis de blé, un jour, seront moissonnés, dit Épictète. Faut-il pour autant, se demande-t-il, se voiler la face et s'abstenir, comme par superstition, de penser à la mort parce que ce serait de « mauvais augure » ? Non, car « *les épis disparaissent, mais non le monde* ». Le commentaire de la formule par Épictète lui-même mérite d'être cité ici tant il explicite bien l'idée ulyssienne d'une sagesse consistant à se mettre soi-même en harmonie avec l'harmonie du monde.

Voyez comment, dans ce texte, le maître s'adresse à son disciple :
« Les feuilles tombent, la figue sèche remplace la figue fraîche, le raisin sec la grappe mûre, voilà selon toi, des paroles de mauvais augure ! En fait, il n'y a là que la transformation d'états antérieurs en d'autres ; il n'y a pas de destruction, mais un aménagement et une disposition bien réglés. L'émigration n'est qu'un petit changement. La mort en est un plus grand, mais il ne va pas de l'être actuel au non-être, mais au non-être de l'être actuel. — Alors je ne serai plus ? *(demande le disciple)* ***— Tu ne seras pas ce que tu es, mais autre chose dont le monde aura alors besoin. »***
Ou, comme le dit dans le même sens une pensée de Marc-Aurèle (IV, 14) :
« *Tu existes comme partie : tu disparaîtras dans le tout qui t'a produit, ou plutôt, par transformation, tu seras recueilli dans sa raison séminale.* »

Que signifient ces textes ? Au fond, tout simplement ceci : parvenu à un certain niveau de sagesse théorique et pratique, de réconciliation avec le cosmos, l'être humain comprend que la mort n'existe pas vraiment, qu'elle n'est qu'un passage d'un état à un autre, non pas un anéantissement, mais un mode d'être différent. En tant que membres d'un ordre cosmique divin et stable, nous pouvons participer, nous aussi, de cette stabilité et de cette divinité pourvu du moins que nous nous y ajustions comme Ulysse à Ithaque. Si nous comprenons cette idée, nous percevrons du même coup combien notre peur de la mort est injustifiée, non seulement subjectivement, mais bien aussi objectivement puisque l'univers étant éternel, et nous-mêmes étant appelés à en demeurer à jamais un fragment, nous ne cesserons jamais d'exister.

Bien comprendre le sens de ce passage est donc, selon Épictète, le but même de *toute activité philosophique.* C'est elle qui doit permettre à chacun de parvenir à une vie bonne et heureuse en enseignant, selon sa belle formule, « *à vivre et à mourir comme un dieu* », entendons : comme un être qui, percevant son lien privilégié avec tous les autres au sein de l'harmonie cosmique, parvient à la sérénité, à la conscience du fait que, mortel en un sens, il n'en est pas moins éternel en un autre. Telle est la raison pour laquelle, selon Cicéron, la tradition s'est parfois employée à « *diviniser certains hommes* » illustres tels que Hercule ou Esculape : comme leurs âmes « ***subsistaient et jouissaient de l'éternité, on les a légitimement tenus pour des dieux car ils sont parfaits et éternels*** ».

Cela dit, la tâche n'a rien d'aisé et, si la philosophie, qui culmine dans une doctrine du salut fondée sur l'exercice de la raison, donc dans ce que j'appelle une spiritualité laïque, veut ne pas en rester à une simple aspiration à la sagesse, mais vaincre les peurs et faire place à la sagesse elle-même, il lui faut s'incarner dans des exercices pratiques. En quoi, comme son nom l'indique déjà en lui-même, n'est pas encore la sagesse, mais seulement l'amour (*philo*) ou la quête de la sagesse (*sophia*).

FIL CONDUCTEUR N° 3
QUATRE QUESTIONS SUR LA POMME DE DISCORDE

Nous avons vu la dernière fois, dans notre livret consacré à l'*Odyssée*, pour quelles raisons l'épisode de la « pomme de discorde » était à l'origine de la guerre de Troie. J'en rappelle en quelques mots la teneur : Zeus a obligé la déesse Thétis à épouser un mortel, Pelée, et ils seront les parents d'Achille. Lors de la fête du mariage, Zeus a fait exprès de ne pas inviter la déesse de la discorde, Éris, sur le mont Pélion. Vexée, elle s'invite elle-même et, pour se venger, pose sur la table du banquet une pomme en or, qui devient aussitôt un objet de dispute entre Héra, Athéna et Aphrodite. Pâris, l'un des fils de Priam, le roi de Troie, offre la pomme à Aphrodite parce qu'elle lui a promis en échange qu'il pourrait séduire et enlever la femme la plus belle du monde, la belle Hélène, l'épouse du roi de Sparte, Ménélas. Pâris, prince troyen, enlève donc Hélène à son mari et c'est pour la récupérer que les autres rois grecs, dont Ulysse et Agamemnon, solidaires de Ménélas, partent faire la guerre aux Troyens. C'est donc bien Éris, la discorde, qui est à l'origine du conflit. Mais plus en amont encore se pose une autre question.

POURQUOI ZEUS CONTRAINT-IL THÉTIS À ÉPOUSER UN MORTEL ?

Ce qui, malgré tout, est pour elle une déchéance, ce qu'on appellerait aujourd'hui un mariage « morganatique ». Comme l'a montré avec beaucoup de finesse Jean-Pierre Vernant, il s'agit d'expédier vers les hommes

Les Noces de Thétis et Pélée, Hendrick van Balen (1573-1632).

une calamité que Zeus ne connaît que trop bien : celle qui consiste à être chassé par plus jeune que soi, à être détrôné par un de ses enfants. En effet, selon certaines variantes, c'est Prométhée qui aurait un jour dévoilé à Zeus un secret qu'il détenait et qui pouvait rendre un fier service au roi des dieux : si jamais il avait un enfant avec Thétis, dont il était tombé amoureux, il fallait qu'il sache que cet enfant prendrait sa place, le détrônerait, comme lui-même avait détrôné son père, Cronos, qui à son tour avait émasculé son géniteur, Ouranos. Si Zeus voulait que cette malédiction ne se reproduise pas, il fallait absolument qu'il s'abstienne de coucher avec Thétis et de lui faire un fils ! Le même oracle valait du reste pour Poséidon, lui aussi amoureux de la belle Néréide, de sorte que, pour plus de sûreté, les deux frères se mirent d'accord pour la donner à un mortel. C'est alors le Centaure Chiron qui aurait suggéré à son protégé, Pélée, de profiter de l'occasion et de se

porter candidat à ce mariage. Puis il lui aurait donné de judicieux conseils pour parvenir à s'emparer de Thétis...
De là le mariage de la malheureuse déesse avec un mortel, façon de renvoyer la catastrophe vers ces humains qui vont, en se mariant, avoir des enfants, donc engendrer la succession des générations. Vieillissant, puis mourant comme il convient à leur condition d'êtres finis, ils vont sans cesse être obligés, les malheureux, de prendre un jour ou l'autre leur retraite, d'abandonner leur place aux jeux, en amour ou à la guerre, bref, de laisser la priorité aux nouveaux entrants. C'est exactement cette malédiction du « place aux jeunes » que Zeus veut éviter à tout prix. En mariant Thétis, il fait coup double : il s'engage à ne pas la toucher, donc à ne pas risquer de la mettre enceinte mais, en plus, il lègue le conflit des générations aux humains ! La lutte entre jeunes et vieux est donc éteinte pour les dieux, en revanche, elle est inscrite pour l'éternité dans le destin des hommes. Rappelons que, en outre, Zeus a forcément à l'esprit le fait que c'est chaque fois le cadet, le petit dernier qui renverse son père : Cronos contre Ouranos, lui-même contre Cronos. Pour nous, les humains, le malheur est donc inscrit dès l'origine dans l'amour, la succession des générations est liée directement au mariage, le jour de la fête apparaissant dès lors, si l'on y pense à long terme, comme un jour de deuil.

POUR QUELLES RAISONS ZEUS VEUT-IL DÉCLENCHER LA GUERRE DE TROIE ?

Mais il existe encore une autre raison à ce mariage, un second motif plus secret qui n'est d'ailleurs pas sans lien avec le premier : c'est que cette ouverture des générations humaines va conduire à un problème que les écologistes ont redécouvert de nos jours, mais que les Grecs, reprenant sans doute en cela un thème déjà présent dans l'épisode du déluge tel que le raconte l'*Épopée de Gilgamesh*, avaient déjà en tête : celui de la surpopulation ! En se mariant, puis en se reproduisant en conséquence des mariages, les humains se multiplient de manière exponentielle, potentiellement sans limite. Ils finissent par encombrer la terre, par exaspérer Gaïa à force de marcher sur elle de plus en plus en plus nombreux ! Et Gaïa se plaint à Zeus, elle proteste contre ces foules envahissantes, comme nous protestons parfois contre les touristes. Excellente raison pour déclencher une bonne guerre. En voyant arriver Éris le jour du mariage, Zeus sait déjà tout ce que sa présence va engendrer. C'est lui qui veut la guerre de Troie et, du reste, malgré son penchant pour Hector et sa ville, une cité qu'il trouve à la fois fort belle et fort empressée à lui rendre les honneurs qui lui sont dus, il jouera dans cette affaire toujours le rôle d'arbitre, faisant sans cesse en sorte que les forces soient suffisamment équilibrées afin que, finalement, le conflit dure assez longtemps pour débarrasser la terre de son trop-plein d'humains. Pas très gentil, sans doute, mais rappelons que les dieux ne nous considèrent pas avec plus d'égards qu'un enfant jouant à dévaster une fourmilière…

QUEL LIEN ENTRE LA POMME DE DISCORDE ET LE DESTIN DE PROMÉTHÉE ?

Zeus déteste Prométhée. Il lui en veut (et nous verrons tout cela plus en détail en étudiant ce chapitre particulièrement génial de la mythologie), parce qu'il a donné aux hommes le feu et les arts (au sens des techniques), deux dons qui, sans en faire tout à fait les égaux des dieux, leur permettent à tout le moins, à la différence des animaux, de pécher par hybris, par démesure et par orgueil au point de menacer le bel ordre cosmique dont il est à la fois l'instigateur et le garant. Les huîtres, les ours ou les lions ne risquent jamais de détruire le cosmos car ils ignorent les arts, les techniques et les sciences. En les donnant aux humains, Prométhée fait d'eux la seule espèce vivante susceptible d'anéantir la planète et c'est la raison de la haine que lui voue le roi des dieux. Pourtant, en dévoilant à Zeus la menace qui pèserait sur lui s'il faisait l'amour avec la belle Thétis, Prométhée lui rend un service insigne, un service que Zeus va prendre en compte en fermant les yeux quand Héraclès libérera Prométhée de ses chaînes et de son supplice, mais aussi quand le Centaure Chiron fera don de son immortalité à ce fils de Titan qui l'avait, semble-t-il, perdue. Je vous rappelle que Zeus avait juré par le Styx, le fleuve des enfers, que jamais au grand jamais il ne libérerait Prométhée des chaînes qui l'attachaient à son rocher, situé sur le Caucase. Chaque jour, telle était la punition infligée au malheureux fils du Titan Japet, un aigle géant venait lui dévorer le foie qui repoussait pendant la nuit, permettant ainsi au supplice de recommencer chaque matin. Or, parmi les douze travaux d'Héraclès figurait une mission bien particulière : trouver le pommier du jardin des Hespérides, l'arbre où poussaient les fameuses pommes en or dont Éris s'était servie pour semer la discorde au mariage de Thétis et de Pélée. Ce jardin était gardé par Atlas, un des frères de Prométhée, et c'est Prométhée qui avait indiqué à Héraclès comment trouver le jardin en question et, surtout, comment s'emparer des pommes d'or pour les rapporter à Héra. Pour le remercier, Héraclès libéra Prométhée de ses chaînes, mais Zeus, embarrassé par son serment, dut trouver une astuce pour ne pas être parjure : il fit en sorte que Prométhée conserve un morceau de chaîne, à vrai dire un anneau, auquel un bout du rocher, une petite pierre, resterait attaché. Ainsi, il ne serait pas parjure puisque Prométhée resterait quand même éternellement attaché au rocher du Caucase ! On dit que c'est là l'origine du bijou par excellence, celui qu'on appelle tout simplement une bague... Pour ce qui est de l'immortalité de Prométhée, il faut rappeler aussi que

Chiron, le fameux Centaure qui était censé être le plus grand pédagogue de tous les temps, celui qui avait notamment élevé Achille ou encore Jason, avait été atteint par une flèche empoisonnée de sorte que sa blessure ne se refermait jamais. Comme il était immortel, ses souffrances intolérables ne pouvaient prendre fin. Il chercha donc un mortel avec qui échanger son statut divin et c'est à Prométhée qu'il fit l'offre, offre que le fils de Japet s'empressa évidemment d'accepter et à laquelle Zeus ne fit pas obstacle pour les raisons qu'on vient d'indiquer.

J'aime ces histoires. On y voit combien la mythologie grecque est d'une richesse incroyable et je ne cesse de me demander comment ce petit peuple a pu inventer des récits d'une telle variété et d'une telle profondeur. Mais passons maintenant à un autre personnage clef de la guerre de Troie, Pâris, le prince troyen par qui tout a commencé.

COMMENT PÂRIS, L'ENFANT ABANDONNÉ, RETROUVE-T-IL SA PLACE DANS SA FAMILLE ROYALE ?

On a dit pourquoi Pâris avait été abandonné sur le mont Ida, parce qu'un oracle avait déclaré à ses parents, Hécube et Priam, que leur ville serait détruite par sa faute. Exposé (abandonné) dans la montagne, le bébé a été recueilli par des bergers qui, ignorant son nom et son histoire, l'ont rebaptisé. Il s'appelle désormais Alexandre (c'est-à-dire, « celui qui est protégé »), ainsi nommé parce qu'il doit bien être protégé des dieux pour avoir ainsi échappé à une mort presque certaine. Les années passent, il devient un ravissant jeune homme, doté de tous les dons, mais il n'en reste pas moins un berger qui garde ses vaches et ses taureaux dans la montagne. Un jour, Hécube et Priam envoient l'un de leurs serviteurs chercher, justement sur le mont Ida où habite Alexandre, un taureau qu'ils veulent sacrifier en mémoire de leur fils qu'ils ont dû exposer. Le serviteur choisit le plus beau des animaux, mais c'est bien entendu celui que Pâris/Alexandre préfère et le jeune homme, du coup, ne voulant pas se séparer de son favori, le suit jusqu'à Troie. Là, Priam a décidé d'organiser des jeux funèbres pour accompagner les sacrifices – comme il est d'usage à l'époque. On y trouve donc tous les sports pratiqués dans ce type de circonstance, course à pied, pugilat, lancer de disque, de javelot, tir à l'arc, etc. Pâris s'inscrit et, à la surprise générale, il remporte toutes les épreuves de sorte que, le cœur empli de jalousie, l'un de ses frères, Déiphobe (mais qui ignore bien sûr que Pâris est son frère), finit par se jeter sur lui pour le tuer. Cassandre, leur sœur, se met à hurler que ce jeune homme n'est autre que Pâris, qu'il est le frère d'Hector et de Déiphobe, les fils de Priam et Hécube, mais comme d'habitude, personne ne l'écoute. Alors, le jeune homme exhibe quelques vêtements d'enfant, sans doute une sorte de foulard fabriqué dans les langes, qu'il avait conservés depuis toujours, et sa mère, Hécube, les reconnaît. Elle saute de joie, Priam aussi, et ils réintègrent celui qui doit, en effet, être protégé des dieux pour avoir ainsi survécu...

Et maintenant, munis de ces quelques clefs, venons-en au récit même des principaux épisodes de l'*Iliade*. Si Ulysse est le personnage clef de l'*Odyssée*, c'est sans nul doute Achille qui marque comme nul autre les derniers jours de la guerre de Troie. Comme dans l'*Odyssée*, tout commence par Éris, par la discorde, par le chaos et ce n'est évidemment pas un hasard si les premières pages de l'épopée mettent en scène la fameuse colère d'Achille, sa dispute avec Agamemnon. Mais si Ulysse va de la haine à l'amour, de la guerre à la paix, Achille, lui, va du chaos vers une mort programmée dès l'origine. Tout le monde sait qu'il va mourir jeune, lui le premier, car ce qu'il cherche, à la différence d'Ulysse, ce n'est pas le salut par la réconciliation avec l'harmonie du monde humain et naturel, mais c'est, comme on l'a vu, le salut par la gloire.

Jean-Baptiste Frédéric Desmarais (1756-1813), *Le Berger Pâris.*

LES PRINCIPAUX ÉPISODES DE L'ILIADE

AU COMMENCEMENT DE L'ILIADE : LA COLÈRE D'ACHILLE CONTRE AGAMEMNON

Au moment où commence l'*Iliade*, la guerre dure donc déjà depuis dix longues années. Aucun parti ne l'emporte sur l'autre. Depuis dix ans, on voit les mêmes campements, les mêmes navires échoués sur la plage, au bas de la plaine qui se situe sous les remparts de la belle ville de Troie « aux larges avenues ». Rien n'a changé, sauf que les héros sont fatigués et que le site des opérations est le théâtre d'un véritable désastre. Depuis plus d'une semaine, la peste ravage le campement des Grecs (qu'on appelle aussi Achéens, Argiens ou encore Danaens) : on voit partout des visages verts et sanguinolents de soldats à l'agonie. À la tombée de la nuit, la plaine tout entière est illuminée par d'immenses brasiers, par des bûchers sinistres où l'on fait brûler les corps pour tenter, mais en vain, d'enrayer l'épidémie. On s'approche de la tente la plus haute et la plus belle, celle du chef des armées. L'assemblée des rois grecs s'y trouve réunie avec les commandants en chef les plus valeureux ainsi que quelques conseillers. Il y a là Agamemnon et Achille, avec ses blonds cheveux longs. Sont aussi présents Ulysse, Ménélas, le devin Calchas, le colossal Ajax, fils de Talamon, et tous les autres généraux. Une ravissante jeune fille se tient un peu en retrait de l'assemblée, le regard baissé, à côté d'Agamemnon qui a posé sa main sur son bras. Elle s'appelle Chriséis. Elle est la fille du grand prêtre d'Apollon. Achille s'empare du sceptre en bois clouté d'or qui donne autorité à celui qui veut prendre la parole :

« Je vous ai réunis tous, chefs des armées grecques, pour que nous trouvions enfin un moyen de mettre un terme à la peste qui ravage nos rangs. J'ai demandé au devin Calchas de se joindre à nous pour nous dire d'où vient ce fléau et pourquoi il décime nos troupes... »

Achille se tourne alors vers un vieillard à barbe blanche et il lui pose doucement la main sur l'épaule :

« Allons Calchas, parle, dis-nous ce qui se passe... »

Le vieillard tremble comme une feuille :

« Achille, jure-moi d'abord que tu me protégeras si je dis la vérité, car il est bien possible que je mette en cause un chef plus puissant que toi encore... »

Achille : *« Ne t'en fais pas, divin vieillard, je te protégerai quoi que tu nous dises, et ce même si tu devais incriminer Agamemnon en personne... »*

Calchas, un peu rasséréné, se met alors à parler en gardant les yeux fixés vers le sol :

« Oui Achille, c'est bien notre roi, Agamemnon, qui a offensé un dieu qu'il vaudrait mieux ne pas froisser puisqu'il n'est autre qu'Apollon. Agamemnon a enlevé la belle Chriséis, la fille de son grand prêtre, et il refuse de la lui rendre alors que son père offre en échange une rançon colossale. Apollon a donc décidé de punir toute l'armée grecque en envoyant la peste, et tant que nous ne rendrons pas Chriséis à son père, et ce sans même lui demander la moindre rançon, le fléau continuera de ravager notre armée. »

On voit alors Agamemnon, le visage furieux, lâcher le bras de Chriséis. Il arrache le sceptre clouté d'or des mains d'Achille et il se tourne vers Calchas :

« Maudit devin ! Vieillard insane ! Tu ne m'annonces que des mauvaises nouvelles et tu crois m'impressionner ? Si je dois rendre la belle Chriséis, qui est ma part d'honneur, mon butin personnel, alors sache que je me vengerai, pas contre toi, sans doute, mais contre cet orgueilleux d'Achille qui prétend garder sa part d'honneur alors que moi, qui suis le roi, je devrais rendre la mienne ?! De qui se moque-t-on ici ?! »

Achille reprend le sceptre : « *Sac à vin, face de chien et cœur de cerf, misérable poltron qui profite du courage et de la mort des autres pour te remplir les poches. On ne te voit jamais en armure, l'épée à la main, mais pour ce qui est de prendre la plus grosse part, tu es toujours présent...* »
Agamemnon reprend le sceptre : « *Ne me menace pas, Achille aux pieds rapides, car il t'en cuira ! Je vais rendre Chriséis à son père afin de stopper la peste, et ordonner qu'on prépare les sacrifices au dieu Apollon. Mais sache que demain, dès l'aube, j'enverrai deux soldats chercher ta part de butin, la belle Briséis, pour remplacer la mienne, et on verra bien alors qui de nous deux est le plus puissant !* »
Achille met la main à l'épée et s'apprête à tuer Agamemnon, mais Athéna lui apparaît – lui seul peut la voir – et elle arrête son bras vengeur. Athéna en veut toujours aux Troyens depuis que Pâris lui a préféré Aphrodite, et elle ne tient pas à ce que la discorde ruine les chances de succès des Grecs. Elle intime l'ordre à Achille de se contenter d'insulter Agamemnon en paroles (au passage : nous allons voir que, tout au long de la guerre, les dieux ne cessent d'intervenir dans les affaires humaines, ce qui constitue un élément clef du tragique grec : les humains ne sont pas vraiment maîtres de leur destin et pour une part immense les malheurs qui s'abattent sur eux ne sont pas de leur responsabilité).
Achille, rentrant son épée dans son fourreau : « *Couard, arrogant et cupide tu es et tu resteras ! Je pourrais t'écraser comme un moucheron, mais je vais te punir autrement. Avec mes valeureux guerriers, les Myrmidons, je vais arrêter le combat et comme nous étions les seuls à être capables de vaincre les Troyens, on verra bien qui rira le dernier !* »
Furieux, Achille se dirige vers sa tente, ses soldats, les Myrmidons, se lèvent aussitôt sur son passage pour le saluer, pleins de respect pour le plus valeureux d'entre eux. Achille, au seuil de sa tente, se tourne vers eux et leur dit : « *Mes frères, mais valeureux compagnons, nous*

Achille et Agamemnon, scène du chant I de l'*Iliade*, mosaïque romaine de la maison d'Apollon, à Pompéi.

cessons tous le combat. Agamemnon est un chien, il veut m'enlever ma part d'honneur, la belle Briséis. Devant tant d'ignominie et d'injustice, je vous donne l'ordre de rester sous vos tentes… »

Achille rentre dans la sienne où l'attend la sublime Briséis. Elle l'embrasse, le console, lui sert du vin. Mais Achille s'assied par terre, embrasse ses genoux, et se met à pleurer comme un petit enfant en invoquant sa mère, la Néréide Thétis.

La tente d'Achille est à côté de son bateau, comme toutes celles des Grecs qui ont installé leurs campements au bord de la mer, entre les nefs ou juste à leur proue. Dans le fond de la mer, on voit Thétis qui entend son fils et qui monte vers la surface, sort de l'eau et se met à marcher, très belle et très ruisselante, vers la tente d'Achille. Elle ouvre le voile qui la ferme et entre.

Achille : « *Mère, ma mère, tu sais que tu m'as donné une existence qui sera courte, que je mourrai au combat avant d'avoir des cheveux blancs. Alors demande au moins à Zeus, notre dieu vénéré, qu'il ne me retire pas en plus la gloire qui m'est due ! Va le voir, je t'en supplie, et demande-lui de punir les Grecs comme ils le méritent, de donner la victoire aux Troyens dans les combats tant qu'Agamemnon ne viendra pas me supplier de revenir afin que je puisse à nouveau conquérir la gloire qui me revient !* »
Thétis, prenant son fils dans ses bras et le couvrant de caresses :
« *Achille, mon fils chéri, cesse de pleurer comme un petit enfant. Zeus est actuellement chez les Éthiopiens, mais dans douze jours il sera de retour sur l'Olympe et, promis, j'irai le trouver, j'embrasserai ses genoux et je le supplierai à mon tour d'accorder la victoire aux Troyens tant que durera ta disgrâce...* »
Thétis quitte la tente, replonge dans la mer, et Achille s'endort dans les bras de Briséis qui le câline comme un bébé.

LE LENDEMAIN MATIN...

Une ambassade de deux soldats d'Agamemnon se présente devant la tente d'Achille pour emmener Briséis. Leurs adieux sont déchirants et Achille jure de se venger, mais, la mort dans l'âme, il laisse partir sa bien-aimée. Agamemnon est plus puissant que lui dans la hiérarchie aristocratique et cela ne se discute pas.
Au même moment, on voit Chriséis monter dans un navire rapide. Agamemnon la confie à Ulysse qui prend les commandes du bateau. Elle est accompagnée de vingt soldats pour rejoindre son père, le grand prêtre d'Apollon. Sur la plage, un autre prêtre en toge blanche sacrifie des animaux (des moutons, des chiens et des chevaux) à Apollon en présence des rois grecs devant lesquels, au premier rang, se tient Agamemnon.

DOUZE JOURS APRÈS..

Thétis arrive sur l'Olympe et se présente devant Zeus qui semble de mauvaise humeur. Elle se jette à ses pieds et lui embrasse les genoux, selon la coutume qui impose ce rite à quiconque a une prière à adresser à un roi :

« *Zeus, vénérable père, je t'ai toujours servi avec la loyauté et l'amour que tu sais. Aujourd'hui, je viens te demander une faveur et je t'en prie, ne me la refuse pas. Mon fils, Achille aux pieds rapides, a été humilié de manière injuste par Agamemnon. Tu sais qu'il va mourir jeune, mais faut-il en plus qu'il quitte ce monde sans gloire ? Tu sais qu'il est le plus valeureux des guerriers, le plus droit des hommes, alors je t'en supplie, punis les Grecs et laisse gagner les Troyens au moins jusqu'à ce qu'Agamemnon soit contraint de présenter ses excuses...* »

Zeus, bougon, ne répond pas et détourne la tête, l'air de moins en moins aimable.

Thétis insiste : « *Je t'en prie, Père, au moins réponds-moi !* »

Zeus se résout à prendre la parole et il se tourne vers elle : « *Thétis, tu m'apportes là un cas bien pénible pour moi. Tu sais combien Héra, ma femme, tient à faire gagner les Grecs depuis que Pâris lui a refusé la pomme d'Éris et tu me demandes d'aller contre sa volonté ? Que veux-tu ? Que je me dispute encore avec elle et tout cela pour ton fils ?* »

Silence des deux côtés. Puis Zeus reprend en soupirant : « *Bon, j'ai réfléchi. Pars, j'exaucerai tes souhaits, mais sache que je vais ce faisant au-devant de bien des ennuis...* »

Thétis s'incline, le remercie et quitte l'Olympe. Zeus, resté seul, se parle à lui-même : « *Quelle plaie ! Héra m'insulte déjà tous les jours en prétendant que j'ai pris le parti des Grecs – ce qui est faux, je ne suis là qu'en arbitre impartial. Bon, je vais envoyer un songe à Agamemnon, un rêve puissant qui lui fera croire que la victoire est proche, à portée de mains, et qu'il*

ZEUS A ENTENDU LES PLAINTES DE SA GRAND-MÈRE, LA TERRE, GAÏA, QUI TROUVE QU'IL Y A TROP DE MONDE SUR LA PLANÈTE, QUE LES HUMAINS SONT TROP NOMBREUX, TROP ENCLINS À L'HYBRIS

doit reprendre le combat. Mais sans Achille et ses Myrmidons, ce sont les Grecs qui vont se faire massacrer... »
Et c'est bien, en effet, à une série de massacres aussi atroces qu'absurdes qu'on va assister jusqu'à la fin de l'*Iliade*, c'est-à-dire jusqu'à la mort d'Hector sous les coups d'Achille aidé pour l'occasion par Athéna. Question : pourquoi ? Quelle signification accorder à ces duels qui scandent comme on va le voir de manière assez répétitive tout le récit de l'Iliade ? Pourquoi tous ces jeunes gens valeureux acceptent-ils de mourir, à l'image d'Hector et plus encore d'Achille, pour une histoire de cocufiage, une cause finalement assez insignifiante et qui en outre n'est pas la leur ?

LE COMBAT DE PÂRIS ET MÉNÉLAS : LES FORCES EN PRÉSENCE CÔTÉ GREC ET CÔTÉ TROYEN

Il faut bien se représenter la scène des combats. Les Troyens sont en haut, sous les remparts de Troie, et les Grecs en contrebas, près de la mer où se dressent leurs tentes et sont rangés leurs vaisseaux. Au-dessus du théâtre des opérations, émergeant des nuages, il faut imaginer le sommet de l'Olympe, **avec du côté des Grecs** Poséidon, mais aussi, bien évidemment, Héra et Athéna à qui Pâris a refusé la pomme de discorde. Il y a encore Hermès, toujours proche d'Athéna, ainsi qu'Héphaïstos qu'Aphrodite a trop manifestement trompé avec Arès pour qu'il ne lui en veuille pas : c'est lui qui forgera les nouvelles armes d'Achille ; **de l'autre, côté troyen donc**, on aperçoit Aphrodite (parce qu'elle a eu la pomme de discorde, mais aussi parce que son fils, Énée, combat aux côtés d'Hector), Apollon (parce que les Grecs ont enlevé Chriséis, la fille de son grand prêtre), Arès, parce qu'il est l'amant d'Aphrodite, Artémis, parce qu'elle est la sœur d'Apollon, et enfin le fleuve Scamandre, un cours d'eau divin qui va se révolter contre Achille à cause du sang des jeunes Troyens qui le souille de manière « démesurée ». Zeus, lui, est plutôt impartial dans l'affaire, il est l'arbitre, tantôt favorable aux Grecs, tantôt aux Troyens. Souvenez-vous que, selon le poème perdu, les *Chants cypriens*, c'est lui qui a déclenché la guerre en faisant exprès de ne pas inviter Éris. Pourquoi ? Parce qu'il a entendu les plaintes de sa grand-mère, la terre, Gaïa, qui trouve qu'il y a trop de monde sur la planète, que les humains sont trop nombreux, trop enclins à l'hybris, qu'ils sont trop lourds à porter pour elle et qu'il faut en réduire le nombre. Voilà pourquoi Zeus se contente de rééquilibrer sans cesse le combat, pour qu'il y ait le plus de morts possible – sachant cependant qu'il aurait préféré que Troie, une ville qu'il aime bien, ne soit pas détruite. Mais enfin, ce n'est qu'un dommage collatéral.

Quant aux humains, voici les forces en présence :
Côté grec, il y a d'abord Agamemnon, le roi des rois et Ménélas, son frère, le cocu de l'histoire ; Ulysse, l'homme aux mille ruses, celui dont il faut se méfier entre tous ; Patrocle, l'amoureux d'Achille, qui donnerait sa vie pour lui ; Achille, qui boude sous sa tente et que seule la mort de Patrocle pourra faire revenir au combat pour le plus grand malheur des Troyens ; les Ajax, l'un fils d'Oïlée, l'autre fils de Télamon, ce dernier étant le plus dangereux et le plus courageux des guerriers grecs après Achille « aux pieds rapides » ; mais il faut aussi nommer Diomède, le roi d'Argos, et le vieux Nestor, le plus âgé et le plus sage des Grecs...
Côté troyen : sur les remparts, à la place royale, on voit bien sûr le roi

Priam. Auprès de lui, son épouse, Hécube, sa fille Cassandre, celle qu'on ne croit jamais quand elle dit pourtant l'avenir, mais aussi la belle Hélène et, bien entendu, la ravissante Andromaque, la femme d'Hector, qui tient leur fils, le petit Astyanax, dans ses bras. Au bas des remparts, parmi les chefs de guerre troyens, le plus grand et le plus glorieux est Hector, entouré de ses frères Pâris (un peu efféminé, fluet et parfois poltron) et Déiphobe (le frère préféré d'Hector, au contraire de Pâris qu'il considère comme une lavette). Aux côtés des Troyens, on trouve aussi les armées des Dardaniens, des Lyciens, des Phrygiens et des Thraces, mais ils constituent pour l'essentiel le *vulgum pecus*.

Donc, tout ce petit monde est en place et le combat va reprendre, faisant son lot d'horreurs et de morts, quand Pâris s'avance et s'adresse à tous. Il porte sur son épaule une magnifique peau de panthère, ainsi qu'un arc et une épée. Dans chaque main, il tient une lance immense, bien plus haute que lui :

Pâris s'adressant aux Troyens : « *Il suffit ! Tout cela est absurde, insensé ! Assez de folie, de sang et mort. C'est moi le responsable de cette guerre atroce, c'est moi qui ai enlevé la belle Hélène à son mari, le glorieux Ménélas, alors que loin de m'avoir causé du tort il m'avait reçu à Sparte, dans son palais, comme un frère ! C'est à moi et à moi seul de réparer les torts que j'ai causés, pas à vous mes amis, de mourir pour une cause qui n'est pas la vôtre.* »

Et Pâris se tournant alors vers les Grecs : « *Allons, finissons-en ! Que l'un d'entre vous, valeureux soldats grecs, m'affronte en combat singulier et alors, celui qui l'emportera aura fait gagner son camp tout entier. Si vous avez la victoire, Ménélas pourra repartir en paix avec Hélène. Si c'est moi qui l'emporte, vous rejoindrez vos navires sur la mer infertile et vineuse. Je garderai Hélène, mais vous rentrerez chez vous en paix, retrouver les bras de vos femmes, vos fils et vos filles, sans perdre l'honneur.* »

Hector se tournant vers Pâris, le visage à la fois ébloui, surpris et ré-

joui, et le prenant dans ses bras : « *Pâris mon frère ! Je n'en crois pas mes oreilles ! Enfin des paroles sensées, de raison et de courage ! Moi qui te croyais lâche, peu virile et faible, te cachant toujours dans les jupes de femmes, tu retrouves enfin ton honneur. Viens que je t'embrasse, faisons la paix.* »
Du côté grec, on aperçoit le blond Ménélas dont le visage se fend d'un mauvais rictus. On voit aussitôt qu'il est plus mûr, plus fort et aguerri que Pâris. Son visage s'éclaire d'un sourire vengeur et il se parle à lui-même : « *Il va t'en cuire, pauvre fou, petit freluquet ! Je vais t'étriller, je vais enfin pouvoir répandre tes boyaux dans la plaine, les offrir aux chiens et aux oiseaux. Je le jure par les dieux !* »
Et se détachant de la cohorte, il s'avance vers les remparts de Troie, sur son char, et se met à hurler :
« *Approche, Pâris, c'est moi que tu vas affronter et, sache-le, il n'y aura pas de prisonnier, tu entends ? Ce sera un combat à mort.* »
Et Ménélas descend de son char, une lance et une épée à la main. La foule se tait, le silence est à couper au couteau. Priam fait un signe de tête à Pâris, pour montrer qu'il accepte son offre et Agamemnon en fait autant de son côté, intimant l'ordre à tous de faire silence.
C'est alors qu'on voit Pâris regretter son coup de folie. Il tremble comme une feuille, il est pâle comme un mort. Il essaie de prendre la fuite devant Ménélas. Hector se met alors à insulter son frère : « *Misérable petit coureur de filles, lâche, poltron minable ! Et moi qui croyais que tu avais changé ! Tu nous couvres de honte, tu nous ridiculises devant les nobles Achéens aux cheveux longs. J'aurais mille fois préféré que tu périsses dès ta naissance, car tu n'auras fait que le malheur des tiens.* »
Tout piteux, Pâris présente ses excuses à son frère et il s'engage à reprendre le combat. De part et d'autre, les soldats s'asseyent pour bien montrer qu'ils n'interviendront pas dans le duel singulier qui va opposer Pâris et Ménélas. Ils sont appuyés sur leurs boucliers, leurs longues

Le Duel entre Ménélas et Pâris, Tischbein l'aîné (1722-1789).

lances plantées dans le sol. Tous se réjouissent à l'idée que la guerre, enfin, va d'une façon ou d'une autre s'achever...
De chaque côté, on fait venir des agneaux et Agamemnon lui-même leur tranche la gorge en prononçant ces mots : « *Zeus et vous tous, les immortels que nous honorons, soyez témoins que celui qui violera le pacte qui vient d'être conclu verra la cervelle des siens, pères, frères et enfants, répandue à terre comme je répands ce sang et ce vin sur le sol. Et qu'en outre, leurs femmes soient violées par des étrangers !* »
Ulysse et Hector se rejoignent, ils délimitent ensemble le terrain du duel avec la pointe de leurs lances, puis ils déposent des cailloux dans un casque pour que le sort décide lequel des deux protagonistes lancera sa javeline le premier. Pâris et Ménélas se dévisagent, les yeux remplis de peur pour l'un, de haine pour l'autre. Puis c'est Pâris qui lance sa longue javeline le premier. Elle vient s'écraser sur le bouclier de Mé-

APHRODITE, DU HAUT DE L'OLYMPE, QUI SUIT TOUTE LA SCÈNE, INTERVIENT. ELLE ENVOIE UNE ÉPAISSE NUÉE, UN NUAGE DE SABLE QUI DISSIMULE LES COMBATTANTS, PUIS ELLE ENLÈVE PÂRIS ET LE DÉPOSE DANS SA CHAMBRE PARFUMÉE

nélas et sa pointe se tord comme un mauvais fil de fer. Ménélas ricane méchamment. Il sait qu'il est infiniment plus fort que le jeune homme qui lui a pris sa femme. Il lance la javeline à son tour, une lourde pique de bronze, qui traverse le bouclier de Pâris et fend son armure au niveau de l'aine. Mais Pâris, vif comme l'éclair, se courbe en deux et évite de justesse d'être blessé. Alors Ménélas se jette sur lui l'épée à la main et il lui assène un coup terrible sur le casque. Mais l'épée explose, elle se brise en trois morceaux. Alors Ménélas se jette sur Pâris, il lui tord le cou, le jette par terre, le met sur le dos et commence à le traîner vers le camp des Achéens par la lanière de son casque... Pâris suffoque, se met à hurler. Mais Aphrodite, du haut de l'Olympe, qui suit toute la scène, intervient. Elle envoie une épaisse nuée, un nuage de sable qui dissimule les combattants, puis elle enlève Pâris et le dépose dans sa chambre parfumée. Quand Ménélas sort du nuage, c'est un casque vide qu'il tient à la main. Tout le monde est sidéré : où est donc passé le prince troyen ?

Pendant ce temps, on voit Pâris dans sa chambre. Aphrodite a convaincu Hélène de le rejoindre. Hélène l'insulte, le traite de lâche, lui dit qu'elle n'aurait jamais dû quitter son mari, le puissant Ménélas aimé d'Arès. Mais Pâris la calme tant et si bien qu'il parvient à l'attirer dans son lit. Ils font l'amour et s'endorment.

Pendant ce temps, on voit Ménélas courir comme un fou furieux en tous sens à la recherche de son adversaire dont il hurle le nom aux quatre vents. Agamemnon prend alors la parole en s'adressant à Hector et à l'ensemble des Troyens :

« *Ménélas, manifestement, a gagné le combat. Pâris a pris la fuite. Tenez vos engagements, que chacun puisse enfin rentrer chez lui. Rendez-nous Hélène et tous ses trésors et nous repartirons avec nos nefs rapides sur la mer aux poissons.* »

LA REPRISE DES COMBATS

Sur l'Olympe, les dieux sont réunis. Ils n'ont rien manqué de la scène qui vient de se dérouler sous leurs yeux. Zeus prend la parole, faisant manifestement tout pour énerver Héra et Athéna en tenant un discours de paix :

« *Allons,* dit il, *il est clair que Ménélas a gagné ce combat. Pourquoi ne pas unir à nouveau par l'amitié ces deux peuples également nobles et courageux ? Pourquoi ne pas mettre un terme à cette guerre cruelle ? Je ne souhaite pas voir détruire Troie, cette cité magnifique qui m'a toujours honoré avec constance* »...

Et comme prévu, Héra est furieuse : « *Détruis toutes les villes que tu voudras, détruis même celles qui sont les plus chères à mon cœur, mais laisse-moi Troie ! Elle est à moi et je ne céderai pas !* »

Zeus s'énerve à son tour : « *Mais pauvre folle, que t'ont donc fait les Troyens pour que tu veuilles leur perte avec tant de violence et de haine ?* »

Alors Héra entraîne avec elle Athéna. Elle lui suggère de descendre vers Troie et de convaincre un soldat, en l'occurrence un certain Pandaros, de violer le pacte en tirant une flèche contre Ménélas. Évidemment, le malheureux obéit (les hommes sont toujours les jouets des dieux), les Grecs hurlent à la traîtrise et chacun se prépare, la rage au cœur, à reprendre le combat.

Sur l'Olympe, on voit Héra et Athéna ravies tandis que Zeus, songeur, se demande comment le conflit va tourner...

L'ARISTIE DE DIOMÈDE

Le vrai sujet de l'*Iliade*, c'est la guerre, la tension entre le chaos et la gloire, et même si Achille en est le héros principal, il est impossible de la raconter en suivant un seul personnage. Athéna et Héra, dans leur haine des Troyens, viennent à faire échouer la tentative de mettre un terme au conflit par le combat singulier entre Pâris et Ménélas. Les hostilités vont donc reprendre de plus belle, mais sans Achille qui, toujours en colère contre Agamemnon, vit retiré sous sa tente, se refusant désormais à prendre part aux batailles avec ses valeureux compagnons d'armes, les Myrmidons. C'est donc un autre héros, Diomède, qui va occuper le terrain. Ce passage de l'*Iliade* s'appelle pour cette

Jacques Louis David,
Le Combat de Diomède, 1776.

raison « l'aristie de Diomède », une « aristie » désignant une série d'exploits tout à fait hors du commun accomplis par un héros, en général avec l'aide d'un dieu.

Agamemnon, le chef des armées grecques, vient de mobiliser ses troupes pour qu'elles reprennent le combat contre les Troyens qui ont rompu le pacte. Pendant ce temps, sur l'Olympe, on voit Athéna qui sourit à Héra et qui lui dit en substance ceci :

« *Bon ! Nous avons réussi à faire que les combats reprennent. Maintenant, il faut à tout prix aider les Grecs et nous méfier surtout d'Aphrodite et d'Arès, peut-être même d'Apollon. Ils vont sûrement tramer quelque chose pour soutenir Hector et les Troyens, sans doute aussi le fils d'Aphrodite, Énée. Je vais descendre sur le champ de bataille et conférer à Diomède des pouvoirs qui lui*

donneront une force surhumaine et lui feront oublier toute peur au combat. » On aperçoit alors un étrange spectacle. Diomède, les yeux fous, arbore un casque et un bouclier désormais revêtus d'un éclat singulier, resplendissant, presque luminescent. Athéna se tient à ses côtés, entourée d'une espèce de nuée. Elle le pousse au combat, elle l'encourage. Il se rend à toute vitesse sur le champ de bataille, au pied des remparts troyens, il descend de son char, puis il fend la foule des soldats troyens qu'il massacre littéralement : on voit des bras et des têtes qui sautent, des corps qui sont fendus en deux, du sang qui gicle de toute part. Les descriptions de la guerre par Homère sont parfois insoutenables de cruauté et de détails sanglants. Il commence par attaquer Pandare, le fils de Lycaon. Pandare tend son arc, décoche une flèche contre

Diomède, flèche qui traverse son bouclier et sa cuirasse et finalement son épaule. Le sang gicle à flot et recouvre tout le devant de la cuirasse du héros grec, mais un prodige surnaturel d'Athéna l'empêche de souffrir et d'arrêter le combat. Malgré sa terrible blessure, il continue comme si de rien n'était. Pandare se lamente, il comprend que son adversaire est protégé par un dieu puissant. Diomède retourne vers son char, il demande à Sthénélos, son écuyer, de lui retirer la flèche, le sang gicle de plus belle, mais Diomède s'adresse à Athéna : « *Athéna, je t'en prie, tu m'as déjà aidé, permets-moi maintenant de tuer celui qui a fait couler tant de mon sang.* »

ON VOIT DES BRAS ET DES TÊTES QUI SAUTENT, DES CORPS QUI SONT FENDUS EN DEUX, DU SANG QUI GICLE DE TOUTE PART. LES DESCRIPTIONS DE LA GUERRE PAR HOMÈRE SONT PARFOIS INSOUTENABLES DE CRUAUTÉ ET DE DÉTAILS SANGLANTS

Athéna lui répond : « *Va, Diomède, reprends le combat et ne crains plus rien ! J'ai mis dans ton cœur toute la fougue de ton père et j'ai pris soin d'ouvrir tes yeux de façon que, seul parmi les mortels, tu puisses voir les dieux. Mais attention, surtout, ne va pas les combattre si tu en rencontres un, car les mortels ne sauraient rivaliser avec les immortels..., sauf s'il s'agit d'Aphrodite. Alors celle-là, si tu la vois, n'hésite pas ! Frappe-la de ta pointe de bronze* »... Diomède s'élance à nouveau comme un lion blessé contre les soldats troyens. Il tue Astynoon d'un jet de lance qui le frappe en pleine poitrine, puis Hypeiron, qu'il fend littéralement en deux d'un coup d'épée qui sépare son épaule de sa nuque et du cou qui tombe mollement sur le côté (tous ces détails atroces figurent bien dans l'*Iliade* et sont là pour suggérer que cette guerre, en effet, est atroce, « chaotique »). Il massacre encore quelques soldats troyens, puis il avise Pandare et il jette sa lance qui pénètre dans la bouche de Pandare, lui brise les dents (qu'on voit sauter), coupe sa langue qui tombe aussi de côté et ressort sous le menton (tous ces détails sont bien, eux aussi, dans Homère)...

Puis il s'attaque au fils d'Aphrodite, Énée, avec une pierre énorme qu'il jette sur lui et qui lui broie la hanche. Le malheureux est à moitié en bouillie. Diomède s'apprête à l'achever d'un coup d'épée quand Aphrodite s'interpose et, de sa divine robe, enveloppe son fils d'un nuage surnaturel qui le protège du coup fatal que Diomède allait porter. Alors, fou de rage, Diomède, suivant le conseil d'Athéna, s'attaque à Aphrodite elle-même ; il l'insulte : « *Arrière, fille de Zeus,* lui dit-il, *laisse là combat et carnage.* » Puis il lui enjoint de s'occuper, non de la guerre, où elle n'a que faire, mais de continuer à faire miroiter ses artifices auprès de ceux qu'elle veut suborner ! Alors il la blesse de sa javeline au bras ! Le sang immortel, un liquide noir qu'on appelle l'« ichor », coule des veines de la déesse. Aphrodite, blessée, pousse des petits cris très féminins. Elle se met à pleurer comme un bébé. Iris, la messagère de Zeus, accourt pour s'occuper d'elle. Aphrodite demande à son amant, Arès, de lui prêter ses chevaux et son char pour retourner se blottir sur l'Olympe. On la voit s'élever dans les airs sur le char d'Arès, serrée dans les bras d'Iris.

Je vous indique tous ces détails parce qu'ils sont très significatifs de l'imaginaire mythologique, d'une vision du monde où les hommes et les dieux ne sont pas encore vraiment séparés, d'un univers où les immortels se disputent comme des mortels, avec des motivations parfois tout aussi médiocres que celles des humains.

Alors, Diomède revient vers Énée pour l'achever. Mais là, c'est Apollon lui-même qui s'interpose et Diomède oublie le conseil d'Athéna : un

mortel protégé par un dieu aussi puissant qu'Athéna peut sans doute s'attaquer à Aphrodite, parce qu'elle est déesse de l'amour et qu'elle ne connaît rien à la guerre, mais certainement pas à Apollon ! Or Diomède se jette sur Apollon, qui le calme d'un coup de bouclier, sans le moindre effort, comme on écrase un moustique. Diomède se retrouve littéralement sur le derrière ! Mais aveuglé par le courage que lui a donné Athéna, il revient encore deux fois à la charge et, chaque fois, Apollon l'envoie sur les roses ! La quatrième fois, Apollon se fâche :
Apollon : « *Prends garde à toi, fils de Tydée : arrière ! Maintenant, ça suffit ! Ne prétends pas égaler les dieux, car ce seront toujours des races distinctes que celle des immortels et celle des humains qui marchent sur la terre ! Garde-toi de pécher par hybris contre moi, il t'en cuirait !* »
Diomède finit par comprendre et par reculer. Apollon n'a pas l'air de plaisanter et c'est un dieu terrible.
Mais apercevant Arès, qui est resté sur le champ de bataille, Diomède se jette sur lui et le blesse ! Malgré tout, Arès le repousse, mais ne le tue pas car Diomède, on l'a compris, est protégé par Athéna et que la déesse de la guerre, comme on le verra plus tard, est bien plus forte que tous les autres dieux, y compris Arès (à part bien sûr son père, Zeus).
Le jour tombe. La nuit s'approche. On voit Grecs et Troyens épuisés, couverts de poussière et de sang, retourner vers leurs campements. Les dieux, de leur côté, remontent sur l'Olympe...
Les combats reprennent le lendemain, et ils continuent ainsi pendant plusieurs jours, interrompus de temps à autre par des duels singuliers, notamment celui d'Hector et du grand Ajax, le fils de Télamon. Les deux héros se battent comme des lions tout le jour durant sans que nul ne l'emporte, de sorte qu'à la fin les deux hommes tombent dans les bras l'un de l'autre et échangent leurs armes en signe de respect. Les jours suivants, l'avantage est tantôt aux Grecs, tantôt aux Troyens, mais

à l'image du duel d'Hector et d'Ajax, nul ne parvient à l'emporter jusqu'à ce qu'Agamemnon comprenne enfin qu'il faut faire revenir Achille et les Myrmidons dans le jeu. Il convoque alors sous sa tente Ulysse et Nestor, les deux héros les plus chevronnés et les plus sages :
Agamemnon, visiblement accablé : « *Divin Ulysse, homme aux mille ruses et toi, Nestor, le plus sage d'entre nous, je crois qu'il nous faut cesser la guerre, battre en retraite. Jamais nous ne parviendrons à prendre Troie...* »
Ulysse : « *Il n'en est pas question et Nestor, d'ailleurs, est de mon avis. Nous ne devons pas abandonner car, selon les oracles, Troie tombera la dixième année de la guerre et nous y sommes justement. Non, Agamemnon, ce qu'il nous faut, c'est le concours d'Achille et de ses Myrmidons.* »
Nestor approuve, hoche la tête.
Agamemnon repentant : « *Alors, sage Ulysse, emmène avec toi deux braves entre les braves, Ajax et Phénix, et va voir Achille aux pieds rapides sous sa tente. Dis-lui que s'il revient au combat je suis prêt à lui rendre la belle Briséis, que je n'ai jamais touchée, dis-le-lui bien, mais aussi à le couvrir de présents... je lui rendrai toute sa part d'honneur et même au-delà !* »

L'AMBASSADE AUPRÈS D'ACHILLE ET SON ÉCHEC

On voit Ulysse, accompagné d'Ajax et de Phénix, se présenter devant la tente d'Achille. Un des Myrmidons qui gardent l'entrée les introduit. Achille, sous sa tente, a l'air las, dépressif. Patrocle, son ami le plus proche, est à ses côtés. Achille reçoit dignement ses anciens amis, leur offre l'hospitalité, à boire du vin dans un cratère, et à manger comme il se doit (c'est une jolie servante qui sert les invités), puis il leur demande quel est le but de leur visite.
Ulysse : « *Illustre Achille, tu le sais, tu es le plus valeureux d'entre nous. Aucun des guerriers achéens, mais le grand Ajax, ne peut t'égaler. Sans toi et tes Myrmidons, nous allons rentrer chez nous dans le déshonneur... Je t'en*

prie, reviens sur ta décision. Agamemnon est prêt à te rendre ta part d'honneur, il jure qu'il n'a jamais touché Briséis et il te donnera son propre butin et même au-delà... Accepte son offre, nous t'en prions... »
Ajax et Phénix prennent aussi la parole, Phénix va jusqu'à évoquer le père d'Achille, le divin Pélée, mais Achille reste inflexible :
Achille : « *Ulysse, divin fils de Laërte, rien qu'à penser au sort que m'a réservé le chef des Atrides, mon cœur se gonfle à nouveau de colère. Tant que le divin Hector, fils du brave Priam, n'aura pas brûlé tous vos vaisseaux, et ravagé vos campements jusqu'à atteindre la mer, je ne songerai pour rien au monde à reprendre le combat ! Allez porter ce message au chef des Achéens, qu'il comprenne que le tort qu'il m'a fait n'est pas pardonnable. Du reste, je songe à rentrer chez moi, sans doute dès demain...* »
Achille et ses compagnons retournent vers la tente d'Agamemnon, lui annoncent la mauvaise nouvelle et chacun rentre sous sa tente, consterné.

L'INTERVENTION DE POSÉIDON EN FAVEUR DES GRECS ET LA RUSE D'HÉRA POUR ENDORMIR ZEUS

Ulysse et Diomède ont capturé un espion troyen, Dolon, qu'ils ont torturé, puis exécuté cruellement malgré ses suppliques. Il leur a livré des informations qui leur permettent, la nuit, d'aller dans le camp ennemi massacrer les chefs thraces, qui luttaient au côté des Troyens, ce qui redonne un peu le moral aux troupes grecques. Malgré tout, les combats reprennent, avec, toujours, diverses interventions des dieux en faveur des uns ou des autres. Agamemnon prend part lui aussi à la guerre et démontre pour une fois sa bravoure. Mais Zeus finit par prendre assez clairement le parti de Troie de sorte que, malgré le soutien d'Athéna et d'Héra, la situation des Grecs est désespérée. Alors, Poséidon prend pitié des Achéens et intervient à son tour pour les soutenir. On le voit descendre des montagnes escarpées de l'Olympe, son trident à la main. Sous ses pieds monstrueux, la terre tremble et les forêts sont agitées. Puis il entre dans l'eau, plonge au fond de la mer, son trident à la main. Il pénètre dans un palais sous-marin, tout d'or et de marbre blanc, une véritable splendeur. Il attelle son char d'or à deux chevaux marins aux pieds de bronze et à la crinière d'or. Ils ont des ailes, un peu comme Pégase, mais ce sont des nageoires. Il monte dans son char et commence à fendre la mer. Sur son passage, toutes sortes

IL ENTRE DANS L'EAU, PLONGE AU FOND DE LA MER, SON TRIDENT À LA MAIN. IL PÉNÈTRE DANS UN PALAIS SOUS-MARIN, TOUT D'OR ET DE MARBRE BLANC, UNE VÉRITABLE SPLENDEUR. IL ATTELLE SON CHAR D'OR À DEUX CHEVAUX MARINS AUX PIEDS DE BRONZE ET À LA CRINIÈRE D'OR

de poissons et de créatures marines sortent de leurs cachettes pour le voir et saluer leur maître. Puis on voit le char qui s'approche du champ de bataille, il s'apprête à sortir de l'eau à proximité des navires grecs, mais Poséidon s'arrête dans une immense grotte sous-marine. Il dételle ses chevaux, leur donne une drôle de nourriture (une sorte d'algue), et lance des petits colliers d'or qui viennent d'eux-mêmes encercler leurs sabots pour les immobiliser. Puis Poséidon se transforme et prend l'apparence du vieux devin Calchas, celui avec lequel notre récit à commencé, pour s'en aller sur la terre ferme encourager les soldats grecs, à commencer par Ajax et Ulysse, et les exhorter à reprendre le combat. Puis il va voir Agamemnon et s'adresse à lui : « *Noble fils d'Atrée, ne perds pas espoir. N'oublie pas qu'Achille se réjouit de voir les Achéens repoussés vers leurs navires. Qu'il crève, ce pauvre fou,*

Statue de la déesse Héra. Copie romaine d'un original hellénistique. Peut-être du IIe siècle ap. J.-C.

et qu'Hadès l'emporte. Mais sache que toi, les dieux ne t'en veulent pas et qu'un jour prochain, tu assisteras tout glorieux à la chute de Troie. Va, reprends le combat et encourage tes troupes ! »

Puis Poséidon reprend sa forme divine et il s'élance dans la plaine de Troie en poussant un cri immense, démentiel, pareil, nous dit Homère, à celui que pousseraient dix mille hommes en train d'accomplir un horrible massacre, ce qui redonne aux Grecs du cœur au ventre et leur fait aussitôt oublier la peur.

Pendant ce temps-là, Héra, du haut de l'Olympe, a observé son frère Poséidon soutenir les Grecs et elle en est folle de joie. Elle se dit qu'elle doit absolument faire quelque chose, elle aussi, tenter une nouvelle ruse pour écarter son divin mari, Zeus, du champ de bataille, car il risque de contrecarrer Poséidon :

Héra se parlant à elle-même : « *Il faut vite que j'écarte Zeus, qui trône en ce moment au sommet du mont Ida, du camp troyen, sinon il va anéantir tous les efforts de Poséidon. Je sais. Je vais à nouveau le séduire, il ne pourra pas me résister. Je vais me faire belle, j'irai ensuite demander à Aphrodite de me prêter son ruban de charme. C'est infaillible. Je ferai l'amour avec lui et, après, je demanderai au dieu Sommeil de l'endormir...* »

Héra court vers la chambre de son palais. Elle se déshabille (on voit qu'elle est absolument sublime), elle prend un bain, se coiffe, fait des tresses, passe une robe hypersexy qu'elle lace juste sous ses seins, met un diadème, des boucles d'oreilles de perles éclatantes, s'enduit de son parfum, qui est unique au monde, puis elle file voir Aphrodite.

Héra se parlant toujours à elle-même : « *Évidemment, je ne vais pas dévoiler mes intentions à Aphrodite, qui soutient les Troyens. Je vais lui inventer une histoire...* »

Héra entre dans la chambre d'Aphrodite et lui adresse aussitôt ces paroles « ailées » :

« *Ma belle enfant, je sais que tu m'en veux de soutenir les Achéens, mais j'ai besoin de ton aide et tu ne peux me la refuser. Je veux rendre visite à Océan et à sa femme, Thétys. Tu sais qu'ils se disputent sans cesse et qu'ils ne dorment plus dans le même lit depuis des lustres. Prête-moi, je t'en prie, ton ruban aux dessins multicolores où sont enfermés tes pouvoirs magiques de séduction et, grâce à lui, je tenterai de les unir d'amour à nouveau...* »
Aphrodite : « *Héra, tu sais que je ne puis rien te refuser. C'est toi qui dors dans les bras de Zeus, toi qui commandes le cœur du plus puissant des dieux. Tiens, prends mon ruban et fais-en bon usage...* »
Ce disant, la sublime Aphrodite sort de son décolleté un ruban et le donne à Héra qui le cache, elle aussi, aussitôt entre ses seins. Puis d'un bond, Héra quitte l'Olympe, fend les nuages et se rend voir Sommeil qui vit à Lemnos. Il a l'air toujours endormi et lent comme un paresseux.
Héra : « *Sommeil, tu dois me rendre un service. Je veux que tu m'aides à endormir Zeus quand j'aurai fait l'amour avec lui...* »
Sommeil, l'air fatigué : « *Héra, sublime Héra, mère des hommes et des dieux, tu sais bien que je ne puis tendre un piège au fils de Cronos. Il me le ferait payer plus cher que tout ce que tu pourrais m'offrir...* »
Héra sourit : « *Sauf, peut-être, si je te donne en mariage la ravissante Pasiphaé, que tu rêves d'épouser depuis toujours...* »
Alors, Sommeil réfléchit, on voit dans sa tête se dessiner la silhouette de Pasiphaé et il se met à sourire d'amour. Du coup, il promet à Héra d'aller avec elle sur le mont Ida pour endormir Zeus... Héra s'envole à nouveau et rejoint Zeus, tandis que Sommeil se cache à proximité derrière des pins. Zeus, dès qu'il voit Héra, a les yeux qui s'allument. On voit qu'il est à nouveau séduit et il lui dit : « *Héra, que viens-tu faire ici, pourquoi ne m'attends-tu pas sur l'Olympe ?* »
Héra, lui servant le même mensonge qu'à Aphrodite : « *Je vais rejoindre Océan et Thétys, pour tenter de les unir d'amour à nouveau et mettre fin*

à leur brouille. En passant au-dessus du mont Ida, j'ai eu envie de venir te voir, voilà tout... »

En disant cela, Héra sort négligemment, comme si de rien n'était, le ruban de charme d'entre ses jolis seins. Elle se met à jouer avec et Zeus a les yeux qui chavirent...

Zeus : « *Attends un instant ! Pourquoi ne viendrais-tu pas plus près de moi ? Sache qu'aucune mortelle ni aucune immortelle ne m'ont jamais plu autant que toi !* »

Zeus la prend par la main, tandis que Gaïa fait pousser un doux gazon tout vert, parsemé de fleurs, comme un tapis délicieux où les deux amants se couchent et font l'amour. Puis Zeus s'endort et Sommeil vient se pencher au-dessus de lui pour répandre une poudre qui garantira un sommeil profond pour plusieurs heures... Sommeil s'envole à son tour et va rejoindre Poséidon sur le champ de bataille pour lui porter la nouvelle : « *Zeus est endormi pour un bon moment, lui dit-il, tu peux donc en toute tranquillité soutenir les Achéens. Profites-en, mets-toi vite au travail !* » Ce que fait Poséidon.

Sur le mont Ida, Zeus se réveille. Héra est encore à ses côtés. Il a la bouche pâteuse, comme après une cuite. D'un bond il se lève, regarde à travers un nuage la situation dans la plaine et voit Hector, blessé, qui crache du sang et Poséidon qui encourage les Grecs. Il comprend qu'Héra lui a joué un mauvais tour et il menace de la fouetter. Héra se fait toute petite et jure qu'elle n'y est pour rien ! Zeus appelle Iris, sa fidèle messagère (à ne pas confondre avec Éris, comme le font parfois certains commentateurs hâtifs), lui ordonne de dire à Poséidon de se retirer aussitôt du combat, puis d'aller voir Apollon pour lui enjoindre de venir en aide aux Troyens. Du coup, ce sont les Grecs qui reculent à nouveau. Ajax se bat comme un diable, mais il est blessé, Ulysse, Diomède et Agamemnon aussi, de sorte que Patrocle quitte le combat désespéré pour aller rejoindre Achille sous sa tente et le supplier de faire quelque chose…

L'ENGAGEMENT DE PATROCLE ET SA MORT

On se retrouve avec Patrocle sous la tente d'Achille. Patrocle pleure toutes les larmes de son corps, la tête dans les mains, on voit qu'il n'en peut plus.
Achille : « *Que t'arrive-t-il, Patrocle, pour pleurer devant moi comme une fillette ?* »
Patrocle : « *Achille, il n'est pas possible que ton père soit vraiment l'illustre Pélée ni ta mère la sublime Thétis. Tu as dû naître directement de la mer infertile et vineuse ou d'un rocher sec pour avoir un cœur aussi dur. Comment peux-tu avoir encore tant de colère en toi que tu laisses ainsi déshonorer les Danéens sans faire un geste… Laisse-moi au moins emprunter tes armes illustres et partir avec tes Myrmidons repousser les Troyens qui sont arrivés jusqu'à nos nefs rapides et menacent de les brûler.* »
Achille, toujours aussi en colère : « *Divin Patrocle, ce que tu me dis m'irrite au plus haut point. Je n'ai pas le cœur sec, je suis seulement frappé d'une infinie tristesse à l'idée que le chef des Atrides, Agamemnon au cœur de cerf, m'ait injustement privé de ma part d'honneur du simple fait qu'il est plus puissant que moi. Mais tu as raison : les Troyens menacent nos bateaux et s'ils les brûlent, nous ne pourrons plus rentrer chez nous. Soit ! Mets sur tes épaules mes armes illustres, je vais mobiliser mes compagnons, mais fais attention, Patrocle, contente-toi de repousser les Troyens derrière la tranchée qui entoure nos campements. Ne va surtout pas chercher la gloire à la conquête de Troie, tu y laisserais la vie…* »
Achille sort de sa tente, l'air mauvais, et va haranguer les Myrmidons. Guerriers terrifiants, ils se mettent aussitôt en rang devant un chef qu'ils respectent au-delà de tout. Ils sont beaux, forts, droits comme des I. Ils sont au nombre de 2 500 (50 par navire et il y a 50 navires). Achille leur dit

de servir Patrocle qui revêt son armure, son casque à crinière de cheval et ses armes étincelantes qui, un peu comme celles de Diomède pendant son aristie, resplendissent d'un rayonnement manifestement surnaturel. Pendant ce temps, on voit Hector à la tête des troupes troyennes, qui franchit le fossé qui entoure le camp grec et qui commence à mettre le feu aux navires. Un navire est presque entièrement brûlé et les héros grecs sont à nouveau blessés, y compris Ulysse, Diomède, Agamemnon et Ajax, de sorte qu'ils se défendent mal et ne cessent de reculer...
Voyant cela, Achille s'énerve et se frappe les cuisses : « *Lève-toi, Patrocle, vite, cours empêcher Hector de mettre le feu à nos nefs interdisant ainsi notre retour !* »

ACHILLE LEUR DIT DE SERVIR PATROCLE QUI REVÊT SON ARMURE, SON CASQUE À CRINIÈRE DE CHEVAL ET SES ARMES ÉTINCELANTES QUI, UN PEU COMME CELLES DE DIOMÈDE PENDANT SON ARISTIE, RESPLENDISSENT D'UN RAYONNEMENT MANIFESTEMENT SURNATUREL

Patrocle, rutilant, plein de fougue, se lance dans la bataille avec les Myrmidons. Leur armée en rangs serrés est terrifiante et ils sont manifestement d'une force extraordinaire. Aussitôt, les Troyens affolés reculent. Patrocle massacre à tout-va et Zeus, qui aime les Troyens, du haut de l'Olympe, à nouveau intervient :
Zeus se parlant à lui-même : « *Pauvre idiot de Patrocle, c'est moi qui te donne cette ardeur, qui te rends ivre de gloire, moi qui te pousse à ne pas suivre le sage conseil d'Achille. Maintenant, tu vas franchir le fossé qui entoure le campement des Achéens, tu vas vouloir conquérir Troie et, pau-*

vre fou, la mort noire, l'horrible déesse des ténèbres, va t'emporter ! »
Où l'on voit que, comme toujours, les malheureux mortels sont le jouet des dieux. Patrocle approche des remparts, suivi par les Myrmidons, et commence à attaquer les derniers Troyens qui les défendent. Apollon en personne intervient. Par trois fois, il repousse Patrocle en effleurant son bouclier du bout du doigt. Par trois fois, Patrocle tombe à la renverse, mais à la quatrième, Apollon se fâche :
« *Arrière, Patrocle, maintenant ça suffit ! Les destinées ne veulent pas que Troie soit prise par tes armes, pas davantage par celles d'Achille, pourtant mille fois plus fort que toi, alors sauve-toi !* »
Patrocle recule, mais il aperçoit sur son char Cébrion, le cocher d'Hector. Il ramasse une pierre et la balance de toutes ses forces. Elle atteint Cébrion en plein front. Spectacle atroce : ses sourcils sont broyés, sa tête éclate et on voit ses deux yeux rouler par terre, dans la poussière, tandis que le corps du cocher plonge littéralement du char (ces détails, comme tant d'autres du même ordre, figurent tels quels dans le texte d'Homère). Et Patrocle ricane, il se moque carrément de Cébrion mort :
« *Quelle souplesse ! Quelle aisance ! Quels bons plongeurs que ces soldats troyens ! Quel dommage qu'il n'y ait pas d'eau ! Ah ! Ah ! Ah !* »
Hector, furieux, essaie de récupérer le cadavre de son ami, tandis que Patrocle, comme fou, essaie de le tirer par les pieds pour lui ôter ses armes. Les soldats troyens viennent au secours d'Hector mais, par trois fois, Patrocle tue neuf hommes ! Alors Apollon, excédé, intervient à nouveau : il touche le casque de Patrocle, qui tombe à terre. Puis il lui ôte ses armes et son armure. Son baudrier tombe dans la poussière, ses jambières aussi. On voit les yeux de Patrocle qui chavirent de peur, car il comprend qu'un dieu infiniment plus fort que lui tient son sort entre ses mains. Alors un soldat troyen le transperce d'une pique dans le dos et Hector lui enfonce sa javeline dans le bas-ventre. Le sang gicle et

le prince troyen se moque à son tour de Patrocle qui, mourant, prononce ces derniers mots :
« *Ne te vante pas, Hector. Ce sont des dieux qui t'ont donné la victoire, Zeus et Apollon. Tu n'y as aucune part, aucun mérite, et déjà la mort t'entoure sans que tu t'en doutes. Car tu seras bientôt vaincu par le bras d'Achille, n'en doute pas.* »
Hector pose alors le pied sur le corps de Patrocle, et, retirant sa pique d'un coup sec, ouvrant encore davantage la plaie béante du ventre de son ennemi, il lui répond : « *On verra, mais rien ne dit que ce n'est pas moi qui prendrai la vie du divin fils de Pélée...* »
Alors, Hector s'empare des armes sublimes d'Achille que portait Patrocle et il s'en revêt tout entier. Il tente de traîner le cadavre de Patrocle vers Troie : « *Viens donc Patrocle, avec moi, que je te jette aux chiens et aux oiseaux.* » Mais le blond Ménélas intervient avec Ajax et quelques guerriers. Le combat est furieux autour du cadavre sans que pour l'instant personne ne l'emporte...

LE CRI SURNATUREL D'ACHILLE

On voit alors Antiloque, le fils du vieux Nestor, rejoindre la tente d'Achille. Il lui annonce la terrible nouvelle de la mort de son ami. Alors, Achille se met à pleurer, poussant des cris déchirants. Il plonge les deux mains dans la cendre noire, il s'en couvre la tête et s'en barbouille le corps en signe de deuil. Il s'arrache les cheveux à pleines poignées en se roulant par terre de douleur. Thétis, comme toujours du fond de l'eau, entend son fils. Elle fend les flots et accourt sous sa tente.
Thétis : « *Mon enfant, pourquoi pleures-tu de la sorte, que t'arrive-t-il ?* »
Achille : « *Hector a tué celui que j'aime plus que tout au monde, Patrocle, quel goût veux-tu que je trouve encore à la vie ? Hector l'a dépouillé de ses belles armes, les miennes, cadeaux sublimes faits par les dieux, que veux-tu que je fasse maintenant...* »

Urne en albâtre, conservée au Musée national archéologique de Florence. Ménélas et Mérion déposent le corps de Patrocle sur un char, pendant qu'Ulysse regarde la scène.

Thétis : « *Écoute-moi bien, mon fils, car ta fin est proche à toi aussi. Ne te précipite pas vers la vengeance, attends que j'aille voir le dieu Boiteux, Héphaïstos, à qui je demanderai de faire des armes plus divines encore que les anciennes. Alors tu pourras retourner au combat, défier Hector, et revenir couvert de gloire...* »
Sur ces mots, Thétis quitte le champ de bataille et remonte sur l'Olympe, entre dans la forge d'Héphaïstos et lui demande de fabriquer les armes les plus belles et les plus résistantes qu'il ait jamais conçues. Héphaïstos, qui a toujours soutenu les Grecs, lui promet de le faire et fait aussitôt souffler dix forges. Il choisit les métaux, du bronze, de l'argent, de l'airain, mais aussi de l'or et avec enthousiasme il se met au travail. Il forge notamment un bouclier comme on n'en a encore jamais vu, en cinq épaisseurs. C'est une véritable œuvre d'art : on y voit deux belles cités, semblables à Athènes et à Troie, mais aussi deux armées au complet, des bergers, des troupeaux de vaches, des pâ-

turages, des fleuves, de magnifiques vignobles, bref tout un monde. Pendant ce temps-là, Achille continue de pleurer tandis qu'on voit au loin la bataille qui continue de faire rage autour du cadavre de Patrocle.
Alors, du haut de l'Olympe, à nouveau, Héra intervient. Elle veut à tout prix qu'Achille revienne dans la guerre. Lui seul peut anéantir enfin les Troyens. Du coup, elle demande à Iris d'aller le voir, de le convaincre de faire fuir les Troyens, faute de quoi le corps de son ami Patrocle sera jeté aux chiens et aux oiseaux, il n'aura pas de sépulture, ne pourra jamais entrer paisiblement dans l'Hadès…
Iris s'envole, descend sur terre, entre dans la tente d'Achille :
Iris : « *Debout, Achille, cesse de pleurer et va au secours du corps de Patrocle autour duquel on se bat. Hector va s'en emparer et il plantera sa tête sur une pique, en haut des remparts, est-ce cela que tu veux ?* »
Achille horrifié : « *Non, Iris, mais comment faire ? Je n'ai plus d'armes et ma mère, Thétis, m'a fait promettre de ne pas entrer dans la guerre tant qu'elle ne m'en aurait pas donné d'autres et tu sais que je l'écoute toujours…* »
Iris : « *Je le sais, divin Achille. Mais va jusqu'au fossé qui borde le camp et hurle. À ta vue, à ton cri, les Troyens prendront peur et ils s'enfuiront, laissant à Ménélas et à Ajax le corps de Patrocle.* »
Athéna, du haut de l'Olympe, contemple toute la scène. Elle descend elle aussi sur terre et jette sur les épaules d'Achille l'égide, la peau magique de la chèvre Amalthée où figure la tête de la Gorgone, Méduse. Elle auréole sa tête d'or et fait jaillir de tout son corps une espèce de rayonnement lumineux qui le rend terrifiant. Achille se rend au bord du fossé. Il contemple la bataille autour du corps de Patrocle et, alors, il prend son souffle et se met à hurler de toutes ses forces. Athéna, pour faire bonne mesure, hurle avec lui. Toute la plaine est envahie par un cri immense, terrifiant, surhumain. Les Troyens sont glacés d'effroi. Ils s'enfuient en courant, se bousculent comme des fous, douze guerriers

son écrasés par leurs propres chars… C'est le chaos dans leur camp et Ménélas en profite pour ramener Patrocle…
Alors Achille se parle à lui-même : « *Patrocle, mon ami, j'en fais le serment. Je ne veux pas t'ensevelir sans te rapporter d'abord la tête et les armes d'Hector. Devant le bûcher où brûlera ton corps, j'égorgerai moi-même douze jeunes et valeureux Troyens. D'ici là, les Troyennes que nous avons enlevées à l'ennemi te pleureront nuit et jour. J'attends mes nouvelles armes et alors tu verras comment je reviendrai dans la bataille pour te venger, comment, à moi seul, je ferai tomber Troie…* »

LE RETOUR D'ACHILLE…

Justement, on voit Thétis descendre de l'Olympe sur un char volant tiré par quatre chevaux avec des armes, un bouclier, des lances, des jambières, un casque à crinière, une épée, un baudrier… Le tout est étincelant, comme entouré d'un halo légèrement surnaturel. Elle pénètre dans la tente d'Achille :
Thétis : « *Mon fils, voici les armes qu'Héphaïstos vient de forger tout exprès pour toi. Il m'assure qu'il n'a jamais rien fait de plus beau, de plus solide, que tu seras littéralement invincible ! Pourtant, je le sais, les présages sont formels, ta fin est proche. Du moins, grâce à ces armes, tu auras la gloire que tu convoitais depuis ta plus tendre enfance…* »
On voit le visage d'Achille qui s'éclaire comme celui d'un enfant devant un arbre de Noël. Il enfile son armure, ceint son épée, cale son casque sous son bras, porte ses deux lances et son épée, il est resplendissant, toujours entouré d'un léger halo qui se dégage des reflets argentés et dorés de ses armes fabuleuses. Puis il hurle tout le long du rivage, entre les bateaux et les tentes, appelant les Achéens à le rejoindre au combat. Les Myrmidons se rangent au garde-à-vous, on voit Ajax, Ulysse, Diomède, et finalement Agamemnon sortir de leur tente et

Héphaïstos remet à Thétis la nouvelle armure qu'il a forgée pour Achille.
Peintre de la Fonderie (vase éponyme).

rejoindre Achille. Ils sont tous plus ou moins blessés, et Achille aussitôt s'adresse à Agamemnon :
Achille : « *Atride, avons-nous eu raison de nous disputer ainsi pour une femme ? Combien de nobles Achéens sont-ils morts à cause d'une querelle qui dévore les cœurs ? Je mets fin à ma colère. Appelle tous les Achéens aux longs cheveux à me rejoindre car je vais massacrer à nouveau les Troyens !* »
Agamemnon : « *Divin Achille aux pieds rapides, fils de l'illustre Pélée, j'ai eu tort, grand tort, le jour où je t'ai enlevé la belle Briséis et t'ai privé injustement de ta part d'honneur. J'ai été abusé par un dieu plus puissant que*

nous, mais je suis prêt à te rendre aujourd'hui justice. Je vais te rendre Briséis et je jure devant tous les dieux que je ne l'ai jamais touchée, mais je vais en plus te donner une rançon dont tu n'as même pas l'idée... »
Achille : « *Très glorieux Atride, Agamemnon, ne parlons pas pour l'instant de rançon. Nous verrons cela plus tard. L'heure est au combat. Allons, vite, courons venger Patrocle et massacrer Thraces et Troyens...* »
La foule des soldats se met à hurler, frappant sur le sol les lances qui lèvent la poussière, et tous partent derrière Achille et ses Myrmidons pour franchir le fossé qui entoure le camp grec...

CHEZ LES DIEUX, SUR L'OLYMPE, CHACUN CHOISIT SON CAMP...

Tout le passage qui suit sert à montrer l'engagement constant des dieux dans les affaires humaines.
Car pendant ce temps, sur l'Olympe, les dieux sont tous assemblés et, du haut de leur montagne, ils observent la guerre repartir de plus belle...
Alors Zeus s'adresse aux Olympiens qu'il vient de réunir pour tenir conseil : « *Souvent, je vous ai interdit de prendre part au combat, ordonné de laisser les mortels s'entretuer. Gaïa, notre mère, n'en pouvait plus de tous ces humains qui la foulent au pied et il fallait en réduire le nombre. Souvent aussi, je le sais, vous avez enfreint mes ordres. Maintenant, d'une manière ou d'une autre, il faut en finir. La guerre a assez duré. Que chacun d'entre vous choisisse son camp comme il l'entend et que le sort en décide...* »
Du côté des Troyens, on voit aussitôt Arès, Apollon, Artémis, sa sœur, et bien entendu, comme depuis le début, Aphrodite, former un petit groupe. Mais un dieu/fleuve, celui qu'on appelle le Xanthe ou encore le Scamandre, va bientôt les rejoindre. Il coule dans la plaine de Troie et lui aussi va prendre part au combat en essayant de tuer Achille.

> **MAIS UN DIEU/FLEUVE, CELUI QU'ON APPELLE LE XANTHE OU ENCORE LE SCAMANDRE, VA BIENTÔT LES REJOINDRE. IL COULE DANS LA PLAINE DE TROIE ET LUI AUSSI VA PRENDRE PART AU COMBAT EN ESSAYANT DE TUER ACHILLE**

Côté grec, comme toujours, il y a Héra et Athéna, mais aussi Héphaïstos, qui a forgé les armes d'Achille, ainsi qu'Hermès et Poséidon...

LE COMBAT D'ACHILLE CONTRE LE FLEUVE XANTHE

Muni de ses armes resplendissantes, Achille massacre tout sur son passage. Il arrive au bord du fleuve/dieu, le Xanthe (ou Scamandre) : les Troyens effrayés fuient devant lui comme des petits poissons devant un grand dauphin. Dans une épouvantable mêlée, ils se jettent dans l'eau du fleuve tandis qu'un autre groupe s'enfuie en courant dans l'autre sens, vers les remparts de Troie. Alors Achille se jette à l'eau lui aussi et, avec son épée, il massacre tout ce qui passe à sa portée. C'est un spectacle horrible, terrifiant. L'eau du fleuve devient rouge. Les jeunes Troyens se cachent sous des rochers, mais chaque fois qu'Achille en trouve un, il a beau supplier, pleurer, Achille lui enfonce son épée à la base du cou, détachant la nuque de l'épaule de manière atroce.

Alors le fleuve Scamandre se révolte. Une lame immense en lui se forme, qui prend plus ou moins forme humaine et s'adresse ainsi à Achille :
« *N'en as-tu pas assez, cruel Achille, de massacrer tous ces jeunes gens ? Tu as un cœur de pierre, plus dur que les rochers qui bordent mon cours. Mais, moi, je vais te punir et mettre fin au massacre !* »

Alors on voit des vagues qui se forment et qui, chaque fois, s'abattent sur Achille pour le noyer. Le héros est roulé dans les flots, ballotté comme un bouchon dans une tempête, mais Héra, du haut de l'Olympe,

voit la scène et elle se précipite chez son fils, Héphaïstos : « *Debout, mon fils, le boiteux ! Vite, pousse tes forges, fabrique un feu immense, et va punir Scamandre, fais-le reculer de tes flammes redoutables pour sauver le divin Achille !* »
Héphaïstos se précipite dans son antre, fait donner les fourneaux, fabrique des boules de feu qu'il se met, du haut de l'Olympe, à jeter comme des pierres contre Scamandre : les arbres qui l'entourent prennent feu aussitôt, les eaux se mettent à bouillir, l'eau elle-même commence à prendre feu de sorte que le Xanthe supplie le dieu boiteux d'arrêter :
Le Xanthe : « *Héphaïstos, nul ne peut lutter contre toi, pas même les autres dieux. Cesse, je t'en prie, et je te rendrai Achille...* »
Alors Héra demande à Héphaïstos de stopper son déluge de feu et le fleuve se calmant, il dépose doucement Achille sur la berge...

LA GUERRE CONTINUE CHEZ LES DIEUX...

On est à nouveau sur l'Olympe. Les dieux sont tous là, à contempler la lutte entre Héphaïstos et Scamandre pour la vie d'Achille. Alors une dispute d'une violence inouïe éclate entre eux. Zeus, du haut de son palais, voit sa famille déchirée, qui en vient aux mains, et lui, qui a toujours été plutôt arbitre dans cette guerre qu'il a manipulée depuis le début, se frotte les mains en éclatant de rire !
On voit alors Arès qui se jette sur Athéna, sa pique de bronze à la main, et qui l'insulte : « *Mouche à chien, tu veux semer la discorde jusqu'entre les dieux ? Te souviens-tu du jour où tu as toi-même poussé Diomède à me blesser ? Eh bien, tu vas me le payer aujourd'hui !* »
Il lance sa javeline de toutes ses forces, mais Athéna dispose de l'égide, son bouclier magique taillé dans la peau de la chèvre Amalthée que même la foudre de Zeus ne peut traverser, et elle repousse la lance. Elle éclate de rire et s'adresse à Arès : « *Sombre idiot, pauvre fou, tu n'as donc*

toujours pas compris que je suis mille fois plus forte que toi ? »
Alors elle ramasse une pierre pointue, s'avance vers Arès et le frappe au cou, il tombe par terre, et elle lui brise les membres… Aphrodite se précipite, prend Arès, son amant, par le bras et tente de le soustraire à la colère d'Athéna. Du coup, Héra s'en mêle et hurle en direction d'Athéna : « *Attention, voilà encore cette mouche à chien d'Aphrodite qui veut sauver Arès. Ne la laisse pas faire, poursuis-la !* »
Athéna se jette sur Aphrodite, l'attrape par les cheveux, la retourne et lui donne un formidable coup de poing sur les seins. Aphrodite s'écroule à côté d'Arès. Héra et Athéna se tiennent les côtes de rire : « *Voilà comment doivent finir ceux qui défendent les Troyens !* »

LES DIEUX SONT TOUS LÀ, À CONTEMPLER LA LUTTE ENTRE HÉPHAÏSTOS ET SCAMANDRE POUR LA VIE D'ACHILLE. ALORS UNE DISPUTE D'UNE VIOLENCE INOUÏE ÉCLATE ENTRE EUX

Alors Poséidon se tourne vers Apollon et le défie du regard en levant son trident vers lui, mais Apollon stoppe aussitôt ses ardeurs belliqueuses : « *Poséidon, mon oncle, puissant ébranleur de la terre, tu dirais que je suis devenu fou si je prétendais me mesurer à ta puissance et en venir aux mains avec toi, et tu aurais bien raison ! Laissons là nos querelles ! Les mortels ne valent sûrement pas que nous, les dieux, nous nous battions pour eux.* »
C'est alors Artémis qui se met à insulter littéralement son frère jumeau : « *Quoi ?! Tu laisses Poséidon te mater sans même tenter de le combattre ? À quoi te sert alors ton arc, pauvre idiot, petit lâche ?!* »
Du coup Léto, la mère des deux jumeaux, Artémis et Apollon, se met

à insulter sa fille : « *Chienne effrontée, tu veux tenir tête à plus fort que toi, il va t'en cuire...* » En arrachant son arc et ses flèches à Artémis, et en ricanant, elle la frappe avec, près des oreilles, là où ça fait mal, en lui tenant d'une main ses deux poignets de sorte qu'Artémis tombe par terre et s'enfuit en pleurant à chaudes larmes...
Toujours du haut de son palais, contemplant ce spectacle, Zeus éclate de rire...

LA MORT D'HECTOR

Pendant ce temps-là, Achille continue sans pitié à massacrer les Troyens. Il s'en prend aussi vigoureusement à Apollon qu'il insulte, puis, arrivé au bas des remparts de la ville, il défie Hector en combat singulier. Hector hésite. Hécube et Priam, ses parents, le supplient de rester dans la ville, mais il finit par se résoudre à affronter Achille. Seul, il fait ouvrir l'une des portes de Troie et descend dans la plaine vers son adversaire dont les armes continuent de resplendir... Achille s'approche, il hurle à ses soldats de rester en arrière et de ne pas tirer de flèches sur Hector : il le veut pour lui tout seul !
Voyant Achille s'approcher, l'air terrible, les yeux d'Hector vacillent, il est littéralement frappé d'une crise d'angoisse, et il se met à fuir en courant. Achille le poursuit en l'insultant, et ils font trois fois le tour des remparts de la ville ! Alors Athéna en a assez. Au quatrième tour, elle descend de l'Olympe et prend l'apparence de Déiphobe, le frère préféré d'Hector. Et elle lui adresse ces paroles pleines de perfidie : « *Hector, mon frère bien-aimé, cesse de fuir devant le fils de Pélée ! Nous allons l'affronter tous les deux. J'avais si peur pour toi, alors que personne n'osait venir à ton secours, que j'ai fait ouvrir les portes de Troie pour venir te rejoindre. Allons, retourne-toi, et affronte le divin Achille.* »

Achille triomphant, Franz von Matsch (1861-1942).
Achille traîne le corps d'Hector devant les portes de Troie.

Hector s'adressant à celui qu'il prend pour son frère : « *Déiphobe, tu as toujours été, parmi tous mes frères, mon préféré, mais maintenant je t'admire plus que tous les autres Troyens, pour ton courage et ta loyauté.* »
Hector se retourne alors vers Achille et lui tient ces propos pénétrés d'une réelle hauteur aristocratique : « *Allons, divin Achille, noble fils de Pélée, affrontons-nous loyalement. Je cesse de fuir et je te demande seulement une chose. Si je gagne, je rendrai ton corps aux tiens, pour que tu puisses recevoir une digne sépulture. Fais-en autant pour moi et battons-nous comme des hommes.* »
Mais Achille, toujours aveuglé par la colère, refuse l'offre d'Hector : « *Pauvre idiot, sombre imbécile, crois-tu vraiment que les loups et les agneaux puissent se lier d'amitié ? Il en va de même pour nous, et quand je t'aurai*

ôté la vie, sache que jamais je ne rendrai ton corps à Priam, ni à ta femme, Andromaque, car je le donnerai aux chiens et aux oiseaux pour venger Patrocle dont tu as pris la vie avec l'aide du perfide Apollon ! »
Et ce disant, il lance sa javeline de toutes ses forces vers Hector qui, vif comme l'éclair, l'esquive de justesse. Achille est furieux d'avoir perdu une arme, mais Athéna, toujours entourée d'une nuée qui la rend in-

ACHILLE DÉPOUILLE HECTOR DE SES ARMES. IL RETOURNE VERS SON CHAR, Y PREND UNE CORDELETTE ET, SORTANT SON POIGNARD, IL TRANSPERCE LES TALONS D'HECTOR, Y FAIT PASSER LA CORDE, L'ATTACHE À L'ARRIÈRE DE SON CHAR, ET IL FAIT FAIRE LE TOUR DES REMPARTS AU CADAVRE

visible à Hector, va ramasser la javeline qui s'est fichée plus loin dans le sol et, sans se faire voir, la rend à Achille.
Alors Hector se retourne vers celui qu'il prend pour Déiphobe : « *Vite, mon frère, donne-moi ma lance que je frappe Achille au cou, là où la vie s'éteint le plus vite.* » Mais il a beau chercher son frère du regard, il ne voit rien et alors il comprend : « *Je vois, c'est encore Athéna qui m'a joué un de ses tours ! Ce qui signifie que je suis à sa merci, que le sort en est jeté, ma mort est donc décidée par les dieux !* » Alors Achille s'avance et, de sa javeline, il traverse de part en part le cou d'Hector. En expirant, Hector prononce ces dernières paroles : « T*u as un cœur de pierre, Achille, mais sache que si tu me prends aujourd'hui la vie, tu mourras toi aussi bientôt sous la flèche de Pâris, mon frère, aidé par Apollon...* »
Sur les remparts, on voit Hécube, Andromaque, Hélène et Priam

qui poussent des cris déchirants et s'arrachent les cheveux. De l'autre côté, les Achéens arrivent en masse, hurlant de joie devant la victoire de leur héros.
Alors Achille dépouille Hector de ses armes. Il retourne vers son char, y prend une cordelette et, sortant son poignard, il transperce les talons d'Hector, y fait passer la corde, l'attache à l'arrière de son char, et il fait faire le tour des remparts au cadavre qu'il tire violemment dans la poussière sous les yeux horrifiés des Troyens, puis il ramène le corps d'Hector dans le campement des Grecs…

LES FUNÉRAILLES DE PATROCLE ET LES JEUX FUNÈBRES

Un peu plus tard, on se retrouve dans leur campement. Les Myrmidons ont dressé un immense bûcher pour les funérailles de Patrocle. Achille est là, le dos tourné aux flammes. Douze jeunes soldats troyens sont à genoux, pleurant et tremblant devant les flammes, les mains liées derrière le dos. Il y a là aussi six chiens, des agneaux et quatre chevaux magnifiques. Des servantes, en rang, à vrai dire des prisonnières troyennes, se lamentent et poussent des cris déchirants comme Achille leur a ordonné de le faire. Les Myrmidons aussi pleurent à chaudes larmes et leurs lamentations résonnent dans tout le campement…
Achille se lève. On voit le corps d'Hector, toujours attaché au char, couvert de sang et de poussière :
Achille : « *Patrocle, mon divin ami, je vais traîner encore dix fois le cadavre d'Hector autour de ton tombeau, puis je le laisserai pourrir face contre terre. Mais avant de brûler ton si beau corps et de te rendre l'hommage qui t'est dû, je vais moi-même sacrifier en ton honneur douze jeunes Troyens ainsi que les animaux qui te sont chers…* »
Et un à un, malgré leurs suppliques, Achille égorge les douze jeunes gens. Puis il égorge deux chiens, une douzaine d'agneaux et saisissant les

LES MYRMIDONS ONT DRESSÉ UN IMMENSE BÛCHER POUR LES FUNÉRAILLES DE PATROCLE. ACHILLE EST LÀ, LE DOS TOURNÉ AUX FLAMMES. DOUZE JEUNES SOLDATS TROYENS SONT À GENOUX, PLEURANT ET TREMBLANT DEVANT LES FLAMMES, LES MAINS LIÉES DERRIÈRE DOS

chevaux par les pattes avec une force surhumaine il les jette dans le feu... Tout le monde se tait et regarde le feu engloutir les corps.
Ensuite, le feu est éteint par les servantes avec du vin, et Achille s'adresse à elles : « *Ramassez les os du divin Patrocle et mettez-les dans l'urne d'or que j'ai prévue à cet effet.* » Puis se tournant vers l'armée grecque, réunie au grand complet : « *Et maintenant, mes amis, organisons les jeux funèbres. Il y aura de la lutte, du tir à l'arc, de la course, du pugilat, du lancer de disque et les meilleurs recevront de ma main des présents dignes de Patrocle...* »
On voit alors Ulysse, Ajax, Diomède et tous les héros grecs se lever et les jeux commencent, qui vont durer plusieurs jours...

PRIAM SOUS LA TENTE D'ACHILLE

Pendant ce temps, sur l'Olympe, les dieux sont horrifiés par la cruauté d'Achille. Zeus, qui aimait Troie et son prince, Hector, trouve qu'il a péché par hybris et il annonce sa décision : « *Hector n'a pas mérité le sort cruel que lui réserve Achille. Il pèche par démesure. Faisons en sorte que le corps d'Hector, maintenant mort depuis dix jours, reste intact pour que son père, Priam, puisse le récupérer et lui donner les funérailles qui conviennent à ce divin héros.* »
Puis il se retourne vers Hermès, son fils et fidèle messager : « *Ce soir, à la nuit tombée, tu iras voir Priam et tu le convaincras de traverser les lignes*

grecques pour se rendre sous la tente d'Achille et le prier de rendre le corps de son fils. Je vais en même temps demander à Thétis de se rendre auprès d'Achille et de le persuader de se conduire enfin avec la noblesse qui convient au héros qu'il est. »

La nuit, on voit Hermès, ses petites ailes au pied, descendre de l'Olympe vers le palais de Priam. Il y entre, réveille Priam et le persuade de mettre dans un char tout un lot de présents somptueux pour offrir à Achille une rançon magnifique en échange du corps de son fils... Puis ils partent ensemble vers le campement des Grecs. Hermès, d'un geste ample, plonge les gardiens du fossé dans un profond sommeil. Priam et lui entrent dans le camp, le char conduit par deux soldats troyens accompagnés de deux servantes qui portent les présents. Grâce à Hermès, qui entoure le char d'une nuée le rendant invisible, ils parviennent sans encombre jusqu'à la tente d'Achille. Priam y pénètre, suivi des deux servantes. Achille est assis, l'air sombre. À ses côtés, on reconnaît la ravissante Briséis qu'Agamemnon lui a rendue.

Achille : « *Que viens-tu faire ici, vieillard, comment oses-tu ? Crois-tu que je ne reconnais pas en toi Priam, le roi de Troie, le père de mes ennemis ?* »

Priam, se jetant à terre et embrassant, selon la coutume, les genoux d'Achille : « *Divin Achille, vois devant toi un vieillard qui vient te supplier de lui rendre son fils. Vois, j'embrasse tes genoux, je baise tes mains, celles-là mêmes qui ont ôté la vie de mon enfant. Depuis dix jours, je ne dors plus, je ne mange plus, je ne bois plus. Aie pitié, pense à ton père, l'illustre Pélée, qui lui aussi t'attend avec angoisse, mais qui a encore la chance de te savoir en vie. Tiens, regarde, je t'ai apporté des présents magnifiques en guise de rançon...* »

Les servantes s'approchent et déposent devant Achille toutes sortes de vêtements brodés d'or, des bijoux, des tapis...

Achille : « *Relève-toi, divin Priam, et sache que Thétis, ma mère, est déjà venue m'annoncer ta visite et tenter d'attendrir mon cœur. Sache aussi que je ne suis pas assez bête pour ne pas avoir compris que tu es protégé par un dieu puissant. Comment, sans une aide divine, aurais-tu pu traverser notre campement à chars sans te faire remarquer ? Allons, viens partager mon repas et dormir sous ma tente. Demain, je te le promets, je te rendrai ton fils et je te laisserai douze jours de trêve, pour que tu puisses le veiller et lui donner les funérailles qu'il mérite.* »

Et les deux hommes s'embrassent en pleurant. Puis les servantes s'agitent, dressent la table, tandis qu'Ulysse égorge un mouton et que les serviteurs le dépècent, mettent la viande à rôtir dans le feu et partagent le pain…

Le lendemain matin, on voit Priam quitter le camp des Grecs sur son char avec le corps de son fils enveloppé dans un linceul. Le tout est à nouveau entouré d'une nuée qui rend invisible. Puis il entre dans Troie et traverse la ville sous les pleurs des Troyens réunis en foule sur son passage. Alors commencent les rites funéraires…

LA CHUTE DE TROIE (D'APRÈS L'ÉNÉIDE DE VIRGILE)

Comme j'ai eu l'occasion déjà de l'indiquer, le récit de la chute de Troie ne figure pas dans l'*Iliade* et l'*Odyssée*. Il y est évoqué à deux reprises, mais seulement en quelques lignes. C'est dans l'*Énéide* de Virgile qu'on va en trouver le récit le plus complet. C'est de lui que je m'inspire pour achever notre épopée.

Depuis le champ de bataille, on voit les bateaux des Grecs échoués par centaines sur la plage, au bas des remparts de la ville qu'on aperçoit en arrière-fond. Les soldats des deux camps sont épuisés par les dix années de guerre. Nombre d'entre eux sont blessés et la lassitude s'est s'emparée de tous… Ulysse, blessé lui aussi, réfléchit, un peu à l'écart, près d'un feu. On le voit qui a une idée, une de ces ruses géniales dont il a le secret. Aussitôt, il s'empresse de rejoindre Agamemnon

et Ménélas, sous leur tente, pour leur en faire part :
Ulysse : « *J'ai été inspiré cette nuit par notre déesse protectrice, Athéna, et grâce à elle, l'idée d'une ruse m'est venue, qui peut nous faire enfin gagner la guerre !* »
Agamemnon morose : « *Je t'écoute, Ulysse, parle vite, car nous sommes à bout de forces...* »
Ulysse : « *Agamemnon, grand roi, nourrisson de Zeus, voici mon plan : fais construire sur la plage, devant les remparts, par Épeios, notre archi-*

LES SOLDATS DES DEUX CAMPS SONT ÉPUISÉS PAR LES DIX ANNÉES DE GUERRE. NOMBRE D'ENTRE EUX SONT BLESSÉS ET LA LASSITUDE S'EST S'EMPARÉE DE TOUS...

tecte le plus talentueux, un gigantesque cheval de bois, si grand qu'il ne puisse surtout passer par aucune des portes de la ville. Donne aussitôt après l'ordre à nos troupes de mettre les voiles vers le port le plus proche et de s'y cacher le plus silencieusement possible. Les Troyens penseront que nous avons définitivement fui le combat, que nous avons construit ce cheval en offrande à Athéna avant de partir, et ils sortiront de la ville pour le voir. »
Agamemnon pensif : « *Et alors, c'est tout ? Que se passera-t-il ensuite ?* »
Ulysse : « *Non, ce n'est pas tout. Nos guerriers les plus valeureux entreront par une trappe dans le ventre du cheval où ils se dissimuleront sans faire le moindre bruit...* »
Agamemnon : « *Bon, je te vois venir. Tu veux faire entrer le cheval dans la ville, mais tu viens de dire toi-même que la statue du cheval devrait être si grande qu'elle ne pourrait passer par aucune des portes de Troie ?!* »
Ulysse : « *C'est là, justement, toute l'astuce. Nous allons demander à l'un de nos guerriers – je pense à Sinon, qui est un fieffé comédien et un menteur hors*

Guerre de Troie,
peinture italienne
du XVIIe siècle.

pair ! – de raconter aux Troyens une histoire qui les convaincra d'aménager une gigantesque brèche dans leurs remparts pour y faire entrer le cheval. »
Agamemnon : « *Ah bon, mais quelle histoire ?* »
Ulysse : « *Fais-moi confiance, je te le dirai plus tard, le moment venu. Mettons-nous d'abord à l'ouvrage, car le temps presse, il n'y a plus une seconde à perdre...* »
Commence alors la construction du cheval, gigantesque en effet, haut comme une montagne. Puis on assiste, comme prévu par Ulysse, au départ des bateaux grecs et les guerriers, avant de partir, mettent le feu à leurs tentes pour bien convaincre les Troyens que leur fuite est définitive, qu'ils ne reviendront pas... La plage est maintenant déserte, les baraquements sont partis en fumée, les bateaux ont disparu dans le lointain. On voit les reliefs divers, ici et là, d'un campement de soldats abandonné... Au loin, sur les remparts, on aperçoit alors Priam, entouré de son beau-fils Énée, de Pâris, de sa femme Hécube et de la belle Hélène. Il y a encore autour de lui quelques conseillers et quelques guerriers, qui n'en croient pas leurs yeux. Un conseiller susurre au roi Priam :
« *Ça y est, grand roi, la guerre est finie ! Ces chiens de Grecs ont préféré la vie à la gloire ! Faisons la fête !* »
Priam et les siens commencent à sourire, ils y croient, et la liesse s'empare peu à peu des Troyens qui, en effet, se mettent à faire la fête, à boire, à danser comme des fous tout au long de la journée, puis de la nuit... Au lendemain matin, Priam donne l'ordre d'ouvrir la grande porte de la ville et, accompagné de sa troupe, il descend vers la plage où se dresse l'immense cheval de bois. À l'intérieur du cheval, on aperçoit Ulysse avec, à ses côtés, Ménélas, Ajax, Agamemnon et une rangée de soldats qui observent toute la scène par une fente. Ulysse fait signe à sa suite de faire silence absolu, car Priam et les siens approchent... Il chuchote à Agamemnon : « *C'est maintenant que tu vas découvrir la ruse que j'ai*

AU LENDEMAIN MATIN, PRIAM DONNE L'ORDRE D'OUVRIR LA GRANDE PORTE DE LA VILLE ET, ACCOMPAGNÉ DE SA TROUPE, IL DESCEND VERS LA PLAGE OÙ SE DRESSE L'IMMENSE CHEVAL DE BOIS

ourdie. Si tout va bien, notre espion, Sinon, va bientôt entrer en scène. Plaise aux dieux, à Héra et Athéna, que ses paroles ailées fassent mouche... Nous leur ferons la plus belle des hécatombes si jamais le piège fonctionne... »

Une vive discussion s'engage alors entre les Troyens qui forment la troupe de Priam autour du cheval. Des voix s'élèvent : « *Il faut brûler ce cheval, c'est une ruse, ou le jeter du haut d'une falaise... Méfions-nous de tout ce qui vient des Grecs, surtout quand ils font des cadeaux !* »

Mais des voix s'élèvent, qui vont dans l'autre sens : « *Malheureux, ne faites pas ça ! Et si c'était une offrande aux dieux et que vous les offensiez ! Vous voyez bien que les Grecs sont partis, ils ont brûlé leurs vaisseaux , comment voulez-vous qu'ils reviennent ? N'allons surtout pas offenser les Olympiens maintenant que nous avons gagné la guerre et que Troie est sauvé !* »

Pendant tout ce temps, Ulysse observe la scène en silence à travers la mince ouverture pratiquée dans le bois du cheval, l'air tendu et inquiet... Puis, au loin, derrière la troupe qui accompagne Priam, on entend des cris et vociférations.

La foule en délire : « *Mettons-le à mort ! Éventrons-le avant de le livrer aux chiens et aux vautours !* »

Des soldats troyens amènent à Priam un prisonnier enchaîné, les mains derrière le dos. On voit qu'il a été malmené par la foule qui hurle derrière lui, il est couvert de sang, plein de plaies et de bosses, comme quelqu'un qui a failli être lynché. Priam demande le silence et s'apprête à interroger le prisonnier.

Ulysse donne un coup de coude à Agamemnon : « *Voilà Sinon, écoute ce qu'il va raconter aux Troyens et tu comprendras.* »
Priam : « *Dis-nous qui tu es, avant que je ne décide de ton sort. Allons, parle vite, et ne t'avise surtout pas de mentir...* »
Sinon : « J*e m'appelle Sinon, et la vérité, ô grand roi, c'est que mes compagnons, lassés par la guerre, ont construit en l'honneur d'Athéna le cheval que tu vois. Ils l'ont fabriqué si grand qu'il ne puisse jamais entrer dans votre ville par aucune porte car l'oracle leur a dit que, s'il entrait chez vous, ce seraient les Troyens qui massacreraient les Grecs. Pour faire bonne mesure, ils ont décidé de sacrifier un humain à la déesse, et le sort est tombé sur moi, infortuné que je suis. Mais je me suis enfui, et me voici menacé de mort autant par les Grecs que par les Troyens !* »
Et Sinon en rajoute façon Sarah Bernhardt dans les pleurs et gémissements en tout genre, de sorte que Priam, et la foule avec lui, commence à s'interroger, à le prendre en pitié.
Priam : « *Je reconnais bien là, en effet, la vilenie des Grecs. Libérez ce malheureux et soignez-le...* »
Sortant de la troupe, un homme s'avance, un prêtre d'Apollon nommé Laocoon, deux enfants l'accompagnent, ce sont ses fils : « *Non, Priam, n'écoute surtout pas cet homme ! C'est très certainement un espion grec et ce cheval est un piège dont les flans sont sans doute emplis de soldats... Ne le fais surtout pas entrer dans la ville, fais-le plutôt brûler sur-le-champ !* »
Et joignant le geste à la parole, Laocoon se saisit d'une longue javeline en bronze qu'il lance de toutes ses forces et qui va se ficher avec violence dans le flan du cheval. On entend un grand murmure dans la foule et, *mezzo vocce*, un autre murmure qui semble sortir du cheval. On voit à nouveau Ulysse à l'intérieur qui donne à tous l'ordre de se taire...
La foule est interloquée, elle attend, muette devant ce spectacle. Et tout soudain, on aperçoit au loin, sur la surface de l'eau, deux

énormes serpents qui s'avancent vers la plage. Avec leurs yeux rouges, injectés de sang et leurs corps d'énormes vipères, ils sont effrayants. Murmure d'effroi dans la foule. Les serpents gagnent la plage et, tout d'un coup, sans qu'on s'y attende, ils se précipitent sur les enfants de Laocoon, qu'ils déchiquètent aussitôt. Ils les mettent littéralement en pièces tandis que les malheureux poussent des hurlements déchirants. Laocoon, affolé, s'empare de son épée pour tenter de sauver ses fils, mais les serpents l'entourent et le déchiquètent à son tour... « *Voyez, crie alors une voix dans la foule, Sinon a dit vrai, ce cheval est une offrande aux dieux, et Laocoon qui s'en est pris à eux a été puni. Brisons les remparts et faisons-le entrer dans la ville. Ainsi, c'est nous, et non les Grecs, qui serons protégés à jamais !* »

Priam, un peu hagard, laisse faire la foule qui met déjà des roues sous les pattes du cheval, attache des cordes à son cou et se met à le tirer vers la ville tandis que d'autres le poussent et que des soldats pratiquent une immense brèche dans le rempart le plus proche... On tire et on pousse le cheval jusqu'à l'acropole, devant le palais du roi Priam. Puis la foule fait à nouveau la fête jusqu'à la nuit tombée. Là, l'espion Sinon, qui a été libéré, se glisse vers le cheval, ouvre la trappe qui est sous son ventre, et les soldats grecs sortent, Ulysse en tête.

Alors le massacre commence.

Il est réellement effroyable ! Ulysse se bat comme un lion, loyalement, mais on voit aussi des scènes moins héroïques, moins nobles, des spectacles de torture, de viol, et même des soldats qui s'amusent à fracasser le crâne des enfants sur le sol après les avoir levés par les pieds. Toute la ville brûle. On voit aussi Priam pleurant dans son palais et s'arrachant les cheveux par poignées entières. Un soldat grec y entre, suivi de sa troupe : c'est Pyrrhus, le fils d'Achille, qui traîne le vieillard sur le sol jusque vers un autel situé dans la grande salle du

La Mort de Priam, huile sur toile de Tadeusz Kuntze (1727-1793).

palais avant de l'égorger lentement et sadiquement.
Pendant ce temps, les bateaux grecs reviennent sur la plage, les soldats débarquent, entrent par la brèche et se mêlent eux aussi au massacre. Au matin, la ville est dévastée, détruite, incendiée, les morts jonchent le sol, femmes et enfants compris. Partout où le regard se pose, c'est la désolation et le sang ruisselle dans les rues. Le massacre achevé, on voit les Grecs qui, réunis sur la place de l'acropole, devant les ruines fumantes du palais de Priam, ont rassemblé leur butin : vases en or, coupes, bijoux, amphores, armes, animaux, mais aussi femmes et

enfants enchaînés qu'on va se partager et réduire en esclavage comme des objets ordinaires. Ulysse est là, avec Agamemnon et Ménélas qui le félicitent pour sa ruse si efficace. Mais lui n'a pas l'air heureux. Il regarde au loin, il ne pense désormais qu'à une chose, rentrer chez lui à Ithaque, retrouver sa femme, son palais, son fils Télémaque, bref, aller enfin de la vie mauvaise à la vie bonne, du chaos à l'harmonie, de la guerre à la paix. Il quitte les ruines de Troie, descend vers la plage, rassemble ses marins et remonte avec Ménélas sur son bateau. Il ne sait pas que dix longues années et bien des épreuves l'attendent encore avant son retour à Ithaque et ses retrouvailles avec Pénélope…

EN GUISE DE CONCLUSION

QUE SONT LES HÉROS DEVENUS ?

Achille a accompli sa destinée. Même s'il n'est pas l'artisan de la chute de Troie, il est bien allé, comme il le souhaitait si ardemment, du chaos à la gloire. Toutefois, comme nous l'avons appris dans l'*Odyssée*, son destin n'est pas pour autant une réussite. Certes, il va rester dans les mémoires, nul ne l'oubliera, mais il n'en est pas moins désespéré dans l'Hadès. Seul Ulysse sera finalement sauvé, au sens grec, c'est-à-dire réconcilié avec l'ordre cosmique harmonieux. Achille, comme l'avait prédit Hector, sera tué par Pâris, en réalité par Apollon qui guide la flèche du prince troyen. Elle atteindra le héros grec au seul point qui soit en lui mortel, le talon. Selon l'une des versions de cette histoire, Thétis, la mère d'Achille, avait en effet tenté de rendre son fils im-

AU MATIN, LA VILLE EST DÉVASTÉE, DÉTRUITE, INCENDIÉE, LES MORTS JONCHENT LE SOL, FEMMES ET ENFANTS COMPRIS. PARTOUT OÙ LE REGARD SE POSE, C'EST LA DÉSOLATION ET LE SANG RUISSELLE DANS LES RUES

mortel en le plongeant dans l'eau du Styx, le fleuve des enfers, lorsqu'il était encore tout bébé. Mais sans y prendre garde, elle le tenait à deux mains par le pied, de sorte que cette partie de son corps n'aurait pas rencontré l'eau magique et serait ainsi restée vulnérable...
Agamemnon, rentrant chez lui après un long périple, sera assassiné par sa femme, Clytemnestre (aidée de son amant Égisthe), qui ne lui a pas pardonné le sacrifice de sa fille Iphigénie.
Le grand Ajax, le fils de Télamon, se suicidera par dépit, parce que les armes d'Achille seront données à Ulysse alors qu'il pensait qu'elles lui revenaient de droit, étant le plus valeureux des soldats après le fils de Pélée.
Ménélas finira par retourner à Sparte avec Hélène, qu'il pardonnera, car elle a finalement été la victime des dieux.
Andromaque deviendra l'esclave du fils d'Achille, Pyrrhus.
Priam est égorgé et presque tous ses enfants seront massacrés.
Énée échappe au massacre. Il sauve aussi son père, Anchise, en le portant sur ses épaules pour quitter la ville en flammes, et, selon l'*Énéide* de Virgile, il sera le fondateur de la nation romaine.
Diomède rentrera chez lui, retrouvera sa femme, mais rendue folle par Aphrodite, qui n'a pas pardonné d'avoir été blessée par Diomède, elle va chercher à le tuer.

Luc Ferry

Johann Tischbein (1751-1829), *Hélène et Ménélas* (1816).

POUR ALLER PLUS LOIN

RÉSUMÉ DE L'ILIADE

Chant I : Alors que la peste s'abat sur le camp des Grecs qui font le siège de Troie, le devin Calchas révèle la cause du mal : Agamemnon, le chef des Achéens, a pour esclave Chryséis, la fille de Chrysès, prêtre d'Apollon. De manière à calmer le courroux du dieu, Agamemnon doit rendre la captive que son père est venu demander. Il finit par y consentir, mais demande en contrepartie Briséis, la belle Troyenne détenue par Achille, ce qui provoque la fureur de ce dernier qui se retire sous sa tente et ne veut plus combattre. Achille appelle sa mère, la déesse Thétis, qui obtient de Zeus que les Grecs ne puissent vaincre avant d'avoir rendu son honneur à Achille.

Chant II : Pour le pousser au combat, Zeus fait croire à Agamemnon, par l'intermédiaire d'un rêve trompeur, qu'il va gagner et mettre un terme à la guerre. Afin de mettre ses alliés à l'épreuve, le roi feint cependant de vouloir quitter le siège et les guerriers se préparent à partir. Ulysse arrive à stopper ce mouvement et Agamemnon met ses hommes en ordre de bataille. Le narrateur détaille alors les nombreuses forces en présence.

Chant III : Dans l'espoir de mettre fin à la guerre, Pâris défie Ménélas en expliquant que le sort de la guerre dépendra de ce seul combat. Mais un moment en mauvaise posture, Pâris est sauvé par Aphrodite qui le dérobe à la vue de tous.

Chant IV : Zeus souhaite faire reconnaître la victoire de Ménélas, mais Héra soutient les Grecs et ne peut se résoudre à cette conclusion. Elle obtient d'Athéna, envoyée sur terre sous les traits d'un Troyen, qu'un soldat décoche une flèche sur Ménélas : la trêve est ainsi rompue et la bataille reprend.

Chant V : Diomède, dont l'armure brille d'un éclat surnaturel, car il est aidé par la déesse Athéna, accomplit de grands exploits et tente même de se battre contre Aphrodite qu'il blesse légèrement et contre Arès..

Chant VI : La bataille continue de faire rage et les meilleurs guerriers des deux camps s'affrontent sans pitié. Hector va voir son frère Pâris pour le ramener au combat et fait ses adieux à sa femme Andromaque et à son jeune fils Astyanax venus voir les combats du haut des remparts.

Chant VII : Hector et Pâris combattent à nouveau. Une trêve s'installe après, le temps que chaque camp puisse enterrer ses morts. Les Grecs consolident leurs positions par des murs et un fossé.

Chant VIII : Les Troyens mettent les Grecs en fuite et Hector ne s'arrête, à la nuit tombée, que devant les fossés des Grecs. Pour ne pas perdre l'avantage acquis, des milliers de Troyens campent alors devant les murs de leur ville.

Chant IX : Afin qu'Achille reprenne le combat, Agamemnon est prêt à lui rendre Briséis et à lui donner beaucoup de compensations. Il envoie donc Ulysse, Ajax et Phénix en ambassade auprès du jeune homme, mais Achille ne veut rien entendre et ne démord pas de ses positions.

Chant X : Ulysse et Diomède organisent une expédition nocturne pour aller épier les Troyens. Ils capturent Dolon, un ennemi envoyé lui aussi en reconnaissance, lui extorquent des renseignements précieux et l'exécutent avant d'aller tuer des chefs thraces endormis près du feu.

Chant XI : Au matin, la bataille reprend. Agamemnon ressort blessé des combats, tandis que Diomède et Ulysse sont eux aussi touchés. Achille, inquiet de ce qui se passe, envoie Patrocle pour qu'il aille aux nouvelles.

Chant XII : Hector et les Troyens prennent d'assaut le mur grec, ouvrent une brèche et s'engouffrent dans l'enceinte du camp ennemi.

Chant XIII : Les armées s'affrontent sur la plage, tandis que les Troyens tentent d'atteindre les vaisseaux grecs. Poséidon lui-même encourage les Grecs et s'engage dans la bataille.

Chant XIV : Héra, après avoir séduit Zeus, réussit à l'endormir avec le concours du dieu Sommeil, ce qui permet à Poséidon d'aider plus efficacement les Grecs pendant ce temps-là.

Chant XV : Zeus se réveille furieux et redonne l'avantage aux Troyens. Les Grecs se retranchent sur leurs bateaux et se défendent.

Chant XVI : Achille refuse toujours de combattre, mais autorise Patrocle à revêtir ses armes divines et à rejoindre les belligérants. Or Patrocle, qui n'a pas écouté les recommandations d'Achille, se rapproche dangereusement des remparts de Troie : il est blessé. Hector lui-même lui porte enfin le coup fatal.

Chant XVII : Hector s'empare de l'armure de Patrocle tandis que la bataille fait rage autour du corps de celui-ci. La dépouille de Patrocle est ramenée dans le camp grec sur les épaules de Ménélas et de Mérion.

Chant XVIII : Achille apprend la mort de Patrocle et se lamente. Thétis vient alors voir son fils et lui promet d'obtenir de nouvelles armes pour lui, qu'elle va faire forger par le très habile Héphaïstos.

Chant XIX : Alors qu'Achille et Agamemnon se réconcilient enfin, Achille pleure la mort de son ami Patrocle et jure de le venger. Xanthos, le cheval d'Achille, lui prédit sa mort prochaine.

Chant XX : Achille s'est enfin décidé à reprendre le combat. Quant aux dieux, autorisés en cela par Zeus, ils ne se privent pas d'intervenir pour apporter leur aide à leurs protégés. Achille lutte contre Énée et Hector qui lui échappent.

Chant XXI : Le fleuve Scamandre, dont les flots regorgent de cadavres de guerriers troyens tués par Achille, se déchaîne contre le redoutable Grec qui est sauvé grâce à l'intervention du dieu boiteux, Héphaïstos.

Chant XXII : Un duel oppose Achille et Hector dont l'heure est cette fois venue. Il est aisément tué par Achille qui traîne le corps de son ennemi, derrière son char, sous les yeux horrifiés de Priam et de sa famille.

Chant XXIII : Achille fait des funérailles grandioses à Patrocle, suivies de jeux funèbres.

Chant XXIV : Priam vient demander le corps d'Hector à Achille, qui accepte finalement de le lui rendre, touché par la peine de Priam. Le poème s'achève sur l'image des funérailles d'Hector et des lamentations des Troyennes.

Brigitte de Zélicourt

GLOSSAIRE

ACHILLE :

Fils du mortel Pélée et de la déesse Thétis, Achille est le plus grand héros grec de la guerre de Troie. Homère nous le dépeint comme un jeune homme très beau, aux longs cheveux blonds, aux yeux étincelants et à la voix puissante. Achille sait qu'il mourra jeune et, pour échapper à l'anonymat de la « mort noire » qui le terrifie, il cherche la gloire à tout prix par le biais de hauts faits qui le feront entrer dans la postérité. Malgré sa conduite héroïque et après avoir été tué par Pâris dont Apollon a guidé la flèche meurtrière, il avoue cependant à Ulysse, qui le rencontre aux enfers, qu'être vivant, même en menant une vie toute simple, est préférable au fait d'être le plus glorieux des héros... morts.

ARISTIE

Diomède, le guerrier grec qui occupe le devant de la scène durant le chant V de l'*Iliade*, accomplit ce que l'on appelle une « aristie », c'est-à-dire une série d'exploits individuels qui vont lui permettre d'entrer lui aussi dans la légende, d'être chanté. Certes, c'est la déesse Athéna qui lui inspire force et audace – témoins en sont ses armes qui brillent d'un éclat inhabituel –, mais Diomède n'en fait pas moins de grands ravages dans le camp troyen, allant même jusqu'à blesser deux des divinités qui soutiennent la cause des assiégés : Aphrodite est blessée au poignet tandis que le dieu Arès, lui, l'est au ventre.

BOUCLIER D'ACHILLE

Le chant XVIII de l'*Iliade* décrit, à travers un récit à la fois merveilleux et fascinant, la fabrication des armes que Thétis est venue demander à Héphaïstos pour les remettre à son fils Achille, afin que « tous soient émerveillés » quand le destin l'atteindra. Le bouclier qui sortira des mains du très habile dieu boiteux est proprement spectaculaire, représentant hommes, animaux et végétaux, scènes de guerre et de paix, dans un cadre urbain ou agricole, le tout reproduisant le cosmos tout entier. Cette *ekphrasis*, description précise et détaillée, reste la description la plus célèbre qui soit d'une œuvre d'art.

CASSANDRE

Le dieu Apollon est tombé amoureux de Cassandre, la jeune princesse troyenne, fille de Priam et d'Hécube. Afin de gagner ses faveurs, il lui fait cadeau du don de voyance, mais Cassandre repousse finalement Apollon qui, pour se venger, la condamne à ce que ses prédictions ne soient, hélas pour elle, jamais crues. C'est ainsi que, malgré ses avertissements, les Troyens laissent entrer dans leur ville, et pour leur plus grand malheur, le cheval construit par les Grecs. Cassandre connaîtra un sort funeste, violée par Ajax au moment de la prise de Troie, puis finalement esclave d'Agamemnon, le commandant des armées grecques.

CHEVAL DE TROIE

Alors que les combats se succèdent depuis dix ans et que les murs de la ville de Troie sont toujours intacts, Ulysse aux mille ruses imagine de faire construire un immense cheval en bois, d'y faire entrer des guerriers, tout en faisant croire que la flotte grecque abandonne la partie. Les Troyens tombent dans le piège, introduisent le cheval dans leur mur, croyant ainsi s'attirer les faveurs de la déesse Athéna pour laquelle les Grecs avaient construit ce cadeau. Les guerriers grecs profitent de la nuit pour sortir du cheval et venir à bout de leur ennemi à la suite d'un effroyable massacre.

ÉGIDE

Caché par sa grand-mère Gaïa au plus profond d'une caverne depuis qu'il est tout bébé, Zeus a été nourri du lait de la chèvre Amalthée, dont la peau est réputée magique, impossible à transpercer, même par les armes les plus acérées. C'est de cette peau, une fois la bête sacrifiée, que Zeus se servira comme armure, et notamment pour se protéger durant sa lutte contre les Titans. Il lui arrive de prêter occasionnellement cette égide. Ainsi Athéna, dans l'*Iliade*, place-t-elle cette peau magique sur Achille pour le protéger des ennemis avant qu'il ne reçoive ses nouvelles armes forgées par Héphaïstos.

ÉNÉIDE :

« Je chante les armes et le héros qui, le premier, chassé par le destin des bords de Troie, vint en Italie, aux rives de Lavinium... » Ainsi débute le poème que Virgile (70 av. J.-C. – 19 av. J.-C.), fin connaisseur et admirateur d'Homère, consacre au héros troyen Énée. La structure de l'*Énéide*, en deux parties – la première racontant la fuite d'Énée à la fin du siège de Troie et ses voyages, et la seconde narrant ses batailles, qui aboutissent à la fondation de Rome –, rappelle celles de l'*Odyssée* et de l'*Iliade*. Le chant II de l'*Énéide* détaille la prise de Troie et s'ouvre sur l'épisode du fameux cheval de bois.

ENFERS

« Les enfers » ou encore « l'Hadès » – du nom du dieu terrible qui règne sur ce royaume –, voici le lieu où se rendent toutes les âmes, sans distinction aucune, après la mort. Elles y demeurent sous forme d'ombres transparentes, dépersonnalisées, ce qui caractérise la mort aux yeux des Grecs. Dans un passage de l'*Odyssée*, Homère nous dépeint cet endroit sinistre où Ulysse est obligé de se rendre pour interroger le devin Tirésias. La vue de ce peuple indistinct, de ces ombres que l'on ne peut identifier le terrifie par-dessus tout.

ILIADE

L'*Iliade* est un poème constitué de vingt-quatre chants, que l'on attribue généralement à Homère. Il raconte non pas la guerre de Troie dans son intégralité, comme on a tendance à le penser, mais quelques jours de la dixième année du conflit qui oppose les Grecs et les Troyens depuis que Pâris a enlevé Hélène, la femme du roi Ménélas. Achille en est l'un des héros les plus importants.

ITHAQUE

● Ithaque est la ville de naissance d'Ulysse dont il devient le roi à la suite de son père Laërte. Lorsqu'Homère évoque le royaume d'Ulysse, il parle de quatre îles correspondant à l'actuel archipel des îles ioniennes au large de la côte occidentale de la Grèce. Ulysse quitte Ithaque au moment du déclenchement de la guerre de Troie et mettra vingt ans avant de pouvoir y revenir.

JARDIN DES HESPÉRIDES

● Dans la mythologie grecque, les Hespérides sont les nymphes du Couchant, filles de la Nuit, qui ont pour charge de veiller sur les pommes d'or du jardin fabuleux où elles résident. La déesse Héra les a chargées de cette mission et elles sont aidées en cela par le dragon Ladon. C'est de ce jardin enchanté que provient la sublime pomme d'or jetée par la divinité Éris lors du banquet donné à l'occasion du mariage de Thétis et Pélée.

JEUX FUNÈBRES

● Les jeux funèbres étaient organisés pour célébrer un héros mort au combat. Ces jeux commençaient après les funérailles et pouvaient durer plusieurs jours. On y assistait à des épreuves telles que la course de chars, la course à pied, le duel en armes (hoplomachie), le lancer de disque, de javeline ou encore le tir à l'arc. Ces jeux qui sont décrits dans le chant XXIII de l'*Iliade* constituent, avec d'autres jeux racontés également par Homère, l'un des témoignages les plus anciens sur le sport dans la Grèce antique.

MYRMIDONS

● Les Myrmidons sont le peuple thessalien sur lequel règne Achille. Leur ancêtre éponyme est Myrmidon, fils de Zeus et d'Euryméduse, princesse de Phthie. Ces Myrmidons étaient réputés pour être de puissants et vaillants soldats, capables à eux seuls de renverser le cours d'une bataille. À l'unisson de leur chef, ils arrêtent de combattre quand Achille se retire sous sa tente et leur présence fait cruellement défaut aux Grecs, jusqu'au moment où ils reprennent part au combat pour soutenir l'engagement de Patrocle.

OLYMPE

● Le mont Olympe est la plus haute montagne de Grèce, avec un sommet qui culmine à 2 917 mètres. Ce sommet étant invisible, caché par les nuages ou sous la neige, les Anciens se sont ainsi figurés que c'était là que siégeaient les dieux, Zeus à leur tête, festoyant et contemplant le monde. Homère dépeint cet Olympe comme l'endroit par excellence où les dieux, à l'abri des intempéries, vivaient dans le plus parfait bonheur, s'immisçant pour leur loisir dans les destins des hommes.

OLYMPIENS

● Les Olympiens sont les divinités grecques qui vivent au sommet du mont Olympe et dont Zeus est le plus puissant. Leur nombre peut varier et monter jusqu'à quatorze. Ce sont : Zeus, Héra, Poséidon, Arès, Héphaïstos, Athéna, Apollon, Artémis, Hermès, Hadès, Déméter, Hestia, Aphrodite et Dionysos.

POMME DE DISCORDE

● Au milieu du mariage de Thétis et Pélée, Éris, la déesse de la discorde, qui n'avait pas été conviée, jeta au milieu des convives une pomme d'or où était inscrit : « À la plus belle. » Le jeune berger Pâris fut choisi pour trancher la question et l'attribua à Aphrodite qui lui avait promis en échange la plus belle femme du monde ; celle-ci n'était autre que la belle Hélène, que Pâris enleva, provoquant ainsi le début de la guerre de Troie.

TROIE

● Troie – aussi appelée Ilios ou Ilion, du nom de son fondateur Ilos – est une cité antique de l'Asie Mineure, tout près du détroit des Dardanelles. Henri Schliemann, archéologue allemand, découvre entre 1872 et 1873 les vestiges de ce qu'il pense être la ville de Troie, la ville du roi Priam, actuelle Hisarlik. Il met au jour sept villes superposées. Passionné par l'*Iliade*, Schliemann s'était mis en tête de prouver que le récit s'appuyait sur des événements et lieux réels. L'Unesco a inscrit en 1998, sur la liste de son patrimoine historique, le site d'Hisarlik sous le nom de « Site archéologique de Troie ».

B. Z.

LES PRINCIPAUX DIEUX DE L'OLYMPE

ZEUS

● Zeus est le roi des dieux, le maître de l'Olympe. Les symboles de sa puissance sont la foudre, l'éclair et le tonnerre, armes respectivement données par les Cyclopes Argès, Stéropès et Brontès pour le remercier de les avoir délivrés des entrailles de la terre. Les frères et sœurs de Zeus sont : Hestia, Poséidon, Hadès, Déméter et Héra.

HÉRA

● Héra, la déesse « aux bras blancs », dont les mortels et les immortels célèbrent la beauté, est l'épouse légitime de Zeus, elle est l'impératrice. Mais très souvent trompée par son infidèle mari, elle est également connue pour sa grande jalousie qui l'amène à poursuivre de sa haine les maîtresses de celui-ci.

APHRODITE

● Tout à la fois déesse de la beauté et de l'amour, Aphrodite excelle aussi dans l'art du mensonge et de la ruse. C'est elle que le prince troyen Pâris a désignée comme étant la plus belle en lui offrant la pomme de discorde.

APOLLON

● Fils de Zeus et de Léto, frère jumeau d'Artémis, Apollon est assurément le plus beau des dieux, l'un des plus intelligents aussi, et le plus doué dans le domaine de la musique et de la médecine. Il est par ailleurs l'inspirateur du plus fameux des oracles, celui de Delphes. Sur son temple sont gravés : « Connais-toi toi-même » et « Rien de trop. »

ARTÉMIS

● Déesse de la chasse, sœur jumelle d'Apollon, Artémis peut être redoutable et cruelle. Ainsi, aperçue nue – véritable sacrilège – par un jeune homme, elle n'hésita pas à le changer en cerf et à le faire dévorer vivant par ses chiens.

HESTIA

● Moins connue en général que les autres dieux de l'Olympe, Hestia est la divinité du foyer qui protège les familles et les maisons. En tant que fille aînée de Cronos et de Rhéa, elle a en conséquence été la première à être avalée par son père et la dernière à être recrachée.

ARÈS

● Dieu de la guerre incarnant le déchaînement des combats où la violence fait rage, Arès est brutal, voire sanguinaire. Malgré sa force, il est cependant moins intelligent et moins fort que sa sœur Athéna.

ATHÉNA

Zeus a avalé Métis, sa première femme alors enceinte, de peur que son enfant, si c'était un fils, ne lui prenne sa place. Et c'est ainsi qu'Athéna serait née directement de la tête de Zeus, dont elle est la fille préférée. C'est une divinité de la guerre, mais plus intelligente et rusée que ne l'est Arès, son frère.

HÉPHAÏSTOS

Jeté du haut de l'Olympe par Zeus à la suite d'une altercation entre ce dernier et Héra, Héphaïstos le « dieu boiteux », dieu des forgerons, est d'une habileté diabolique dans son art. Malgré son imperfection physique, il n'en a pas moins épousé Aphrodite, la plus belle des déesses.

HERMÈS

Messager de Zeus, son intermédiaire dans tous les sens du terme, Hermès est à ce titre aussi bien le dieu des journalistes que celui des commerçants ou des voleurs. Interprétant les ordres de Zeus, il a par ailleurs donné son nom à l' « herméneutique », la science de l'interprétation des textes.

HADÈS

Il règne sur les enfers, sur le monde souterrain, avec sa femme Perséphone, la fille de Déméter. C'est le dieu le plus craint – y compris par les habitants mêmes de l'Olympe – et, à ce que l'on dit, le plus riche, car il règne sur le peuple le plus nombreux, celui des morts. Cerbère, ce chien énorme à trois têtes, garde l'entrée de son palais.

POSÉIDON

Dieu de la mer, Poséidon déclenche les ouragans et les tempêtes à l'aide de sont trident (donné par les Cyclopes) dont il frappe le sol. C'est de là que lui vient son surnom d'« Ébranleur de la terre ». Sa progéniture compte de nombreux monstres turbulents, dont le Cyclope Polyphème auquel Ulysse crèvera l'œil.

DIONYSOS

Fils de Zeus et de la princesse Sémélé, Dionysos est arraché des entrailles de sa mère alors que cette dernière achève de se consumer pour avoir voulu regarder Zeus, follement lumineux, dans toute sa réalité. Ce dernier coud alors le fœtus dans sa cuisse pour mener la gestation à terme, d'où l'origine de l'expression : « Être né de la cuisse de Jupiter. »

DÉMÉTER

Déesse des saisons et des moissons, Déméter fait pousser plantes et fleurs. Sa fille Perséphone, enlevée aux enfers par Hadès, lui sera rendue à raison de six mois par an, ce qui explique que rien ne pousse en hiver. En revanche, lorsque Perséphone rejoint Déméter au printemps, la joie est de retour ainsi que le soleil, et tout revit **B. Z.**

EXPRESSIONS MYTHOLOGIQUES

LE TALON D'ACHILLE

● Les textes de l'Antiquité, l'*Iliade*, l'*Énéide*, l'*Odyssée* et les autres, n'y font point allusion mais des scènes peintes sur des vases grecs fondent la tradition : Achille, le valeureux héros de la guerre de Troie, ami d'Ulysse et de Patrocle, fut tué par Pâris, aidé d'Apollon, d'une flèche empoisonnée décochée à travers son talon, seul endroit du corps où le guerrier fût vulnérable. La légende nous dit en effet que, pour le rendre immortel, sa mère, la Néréide Thétis, avait plongé Achille dans les eaux du Styx, fleuve des Enfers, mais en tenant, fatale erreur !, le nouveau-né par le talon.
Ainsi le talon d'Achille est-il devenu le symbole de la vulnérabilité, un équivalent du « défaut de la cuirasse » (à l'origine, l'endroit des articulations où la cuirasse du guerrier pouvait être transpercée).
Rappelons cette autre expression presque équivalente, tirée, elle, de la Bible : *un colosse aux pieds d'argile*, métaphore exprimant l'idée d'une puissance prétendue invincible mais reposant sur des bases peu solides. L'origine se trouve dans le livre de Daniel (2, 31-35) : le prophète y interprète un rêve dans lequel Nabuchodonosor a vu s'écrouler une immense statue dont la tête était d'or, la poitrine et les bras, d'argent, le ventre et les cuisses, de bronze, les jambes, de fer mais les pieds, de fer et d'argile, fragilisant tout l'édifice. Cette statue, explique Daniel, symbolise Babylone, qui, quelque puissante qu'elle soit, tombera pour être remplacée par d'autres royaumes. L'Histoire lui donna raison : après la chute de Babylone se succédèrent en effet la Médie, la Perse, l'empire d'Alexandre, l'Empire romain, dernière puissance du monde antique, qui éclata à son tour pour céder sa place à la chrétienté.

JOUER LES CASSANDRE

● Homère (*l'Iliade*), Eschyle (*Agamemnon*), Euripide (*Les Troyennes*) et, plus près de nous, Jean Giraudoux (*La guerre de Troie n'aura pas lieu*) font apparaître cette expression dans leur œuvre. Princesse troyenne, fille du roi Priam et d'Hécube, sœur d'Hector, belle-sœur d'Andromaque, Cassandre (en grec, Kassandra) a reçu d'Apollon le don de voyance. Dans sa générosité, le dieu de la Lumière ne devait pourtant pas être sans arrière-pensée puisque, éconduit par la princesse, il se venge en décrétant que ses prophéties ne seront jamais crues par personne. Ainsi, malgré ses prédictions et le récit de ses atroces visions, Cassandre ne peut convaincre les Troyens que faire entrer le cheval de bois dans leur ville sera une fatale erreur. S'ensuivent la ruine de Troie et, pour Cassandre, la déchéance : elle devient l'esclave d'Agamemnon, chef suprême des Grecs.
Jouer les Cassandre se dit donc de celui qui prédit des malheurs sans être jamais cru, de tout oiseau de mauvais augure.

UN COMBAT HOMÉRIQUE

« Tout roule et se confond, souffle rauque des bouches,
Bruit des coups, les vivants et ceux qui ne sont plus,
Chars vides, étalons cabrés, flux et reflux
Des boucliers d'airain hérissés d'éclairs louches. »
(Leconte de Lisle, *Le combat homérique* in *Poèmes barbares*, 1872.)

Leconte de Lisle, poète parnassien, fut beaucoup attiré par la Grèce antique dont les mythes réalisaient à ses yeux un idéal de beauté plastique. Qu'il y trouvât l'inspiration de ses *Poèmes antiques* et *barbares* n'est donc pas étonnant. Il était tout aussi naturel qu'il traduisît nombre d'œuvres de l'Antiquité dont l'*Iliade* et l'*Odyssée*. Les deux grandes épopées sont attribuées à Homère, mais cette paternité est mise en doute depuis la fin du XVIIe siècle, époque où la question homérique commença de diviser le monde littéraire. On a prétendu que ces deux œuvres monumentales que sont l'*Iliade* et l'*Odyssée* n'avaient pu être écrites qu'à plusieurs mains. On a même nié que le poète aveugle (en grec, *homerôs* signifie « otage » et « aveugle ») ait jamais écrit une seule ligne de l'une ou de l'autre. Peut-être n'était-il qu'un aède narrant devant un public venu de toute la Grèce, les légendes mythiques des dieux et des hommes.
Quel qu'en soit l'auteur, l'*Iliade* et l'*Odyssée* sont sans doute, pour tout un chacun, les récits mythologiques les plus célèbres. Dans l'*Iliade* s'affrontent les plus grands des héros que la terre ait jamais portés. Ils sont conseillés, soutenus ou condamnés par les dieux. Ils ont pour nom Achille, Hector, Agamemnon, Ulysse, Ajax, Patrocle. Leurs luttes sont impitoyables et leurs exploits, sur fond de guerre de Troie, résonnent du choc des boucliers, du fracas des lances et des épées d'airain.
Par allusion à ces actions épiques, on qualifie de combat homérique toute lutte héroïque, gigantesque, violente et sans merci où se mêlent frayeur et bravoure et l'assurance, par-delà la victoire ou la mort, d'une gloire impérissable.

Par Jean Maillet, d'après *500 expressions populaires* (Éditions de l'Opportun)